送 给 青 春 期

父母送给青春期儿子的私房书

王磊荣 / 编著

中国纺织出版社有限公司

内 容 提 要

青春期是男孩人生中的重要阶段。初入青春期的男孩会对身体的变化产生好奇、困惑，也会不知所措，此时，男孩们急需一个贴心的生理老师来为自己解疑答惑。

本书就是从生活实例出发，针对青春期男孩的身体发育特点讲述男孩们都需要知道的身体秘密，并给予他们细心的指导，让男孩在青春期打理好自己的身体，进而以健康的体魄、自信的面孔面对未来的人生挑战。

图书在版编目（CIP）数据

父母送给青春期儿子的私房书/王磊荣编著.--北京：中国纺织出版社有限公司，2020.1（2020.3重印）
ISBN 978-7-5180-6851-7

Ⅰ.①父… Ⅱ.①王… Ⅲ.①男性—青春期—家庭教育 Ⅳ.①G782

中国版本图书馆CIP数据核字（2019）第229757号

责任编辑：郝珊珊　　特约编辑：王佳新　　责任印制：储志伟

中国纺织出版社有限公司出版发行
地址：北京市朝阳区百子湾东里A407号楼　邮政编码：100124
销售电话：010—67004422　传真：010—87155801
http://www.c-textilep.com
中国纺织出版社天猫旗舰店
官方微博http://weibo.com/2119887771
三河市宏盛印务有限公司印刷　各地新华书店经销
2020年1月第1版　2020年3月第2次印刷
开本：880×1230　1/32　印张：6.5
字数：118千字　定价：39.80元

凡购本书，如有缺页、倒页、脱页，由本社图书营销中心调换

前 言

十几岁的男孩们，一段时间以来——

你是否发现自己的声音变得厚重、沙哑了？

你是否发现身体长高了许多，力气也大了起来？

你是否发现早晨起来"尿床了"？

你是否发现"小弟弟"经常不听话？

你是否开始不好意思跟女生说话了？

……

其实，这些变化都表明你正在进入青春期，是由儿童逐渐发育成为成年人的过渡时期。青春期是人体迅速生长发育的关键时期，也是继婴儿期后，人生第二个生长发育的高峰期。

青春期带来的身体上的变化，确实会让你感到很苦恼，但是这正说明你长大了，正由一个稚嫩的男孩蜕变为一个成熟的男人，你应该感到高兴。至于那些不可避免的苦恼——正如有人说的"暴风雨般的青春期"，当你步入青春期后，你应学会坦然面对疑惑、迷茫、开心和难过，当然，也包括烦恼。

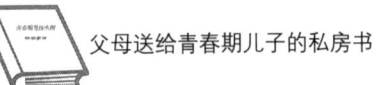

在这个特殊的时期，面临身体的变化，你总想得到一个权威的答案，可以帮你解疑答惑。但是，出于尴尬，你又不可能一一问询父母长辈——既然如此，你不妨从本书中寻找答案。

本书就是从生活中的男孩们遇到的疑问开始出发，并结合具体案例，以通俗易懂的语言，告诉你青春期男孩的身体是怎么发育成的、如何保护身体、如何保健并历练成一个健康帅气的男人。本书娓娓道来，犹如一个贴心的长者，希望你们阅读完本书后，能有所收获，进而消除青春期的烦恼。

编著者

2019年9月

目 录

第01章　青春期来临，身体有了新变化　/001

　　我可爱的童音为什么变粗了　/002

　　竟然和爸爸一样长胡子　/004

　　脖子上凸起的东西不是病吧　/007

　　为什么尿尿的地方会有变化　/010

　　为什么长大了有时还会"画地图"　/012

第02章　私密地带，男孩面对下身问题不烦恼　/017

　　认识一下睾丸的结构　/018

　　为什么成年人的阴部颜色深　/020

　　阴茎为什么有时偏向一侧　/022

　　阴茎大小有什么区别　/023

　　精子到底是怎么产生的　/025

　　精子是什么样子的　/027

　　睾丸两边不对称或隐睾怎么办　/030

在公共场合阴茎勃起该怎么办 / 033

你的三角区的丛林茂密吗 / 035

下面红红的，发炎生病怎么办 / 037

"一滴精"等于"十滴血"吗 / 039

包皮有问题怎么办 / 041

第03章　大方面对青春期的面子问题，你可以很帅气 / 045

为什么痘痘偏爱青春期男孩子 / 046

如何打好祛痘这场青春期"攻坚战" / 050

有了痘痕怎么办 / 052

小小雀斑也可爱 / 055

我怎么变成了一只"毛猴子" / 057

我的头发变白了，我老了吗 / 061

第04章　青春期的困惑，大方面对"性"问题 / 065

晨起阴茎勃起是怎么回事 / 066

自慰有哪些危害 / 068

有性幻想不是错，但要合理宣泄 / 070

梦里为什么会梦到女孩 / 072

如何克制自己的性冲动 / 075

目录

什么叫做性行为 /077

什么是性早熟和性晚熟 /079

性问题的困惑，如何解决 /082

哪些渠道讲的性知识是正确的 /084

怀孕与避孕知识知多少 /087

新生命是如何诞生的 /090

什么是艾滋病 /092

第05章 男孩也脆弱，青春期男孩也要学会保护自己 /097

如何保持私密处的卫生 /098

如何防止私密处受伤 /100

私密处受伤了怎么办 /102

出行注意安全 /104

拉帮结派不参与 /106

知道吗，男孩也要防性骚扰 /108

结交网友要谨慎 /110

面对暴力事件，运用法律武器 /113

对不合理要求学会说"不" /115

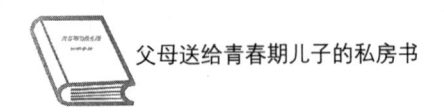

第06章 哪有什么完美，青春期男孩平静接受身体的变化 / 119

我这么瘦弱，会不会一直被"欺负" / 120

为什么我会掉这么多头发 / 122

男生的乳房也会发生变化吗 / 125

为什么我还不及女生高 / 127

出汗多，身上有怪味被人嫌弃怎么办 / 130

"小四眼"不好看，我想摘掉眼镜 / 132

第07章 身体是革命的本钱，男孩要学会健康生活 / 135

青春期有哪些常见病 / 136

身体迅速成长的青春期，要有特别的营养 / 138

有节制地饮食，男孩要管住自己的嘴巴 / 141

生命在于运动，做一个爱运动的阳光男孩 / 143

作息时间要规律 / 145

保持卧室的清洁卫生 / 148

青春期多汗和脚臭怎么办 / 150

牙口好才能胃口好，保护好你的牙齿 / 152

青春期男孩要壮不要胖 / 155

男孩如何保养皮肤 / 158

青春期如何增强记忆力 / 161

走路要正，背要直 /163

科学方法可以增高吗 /166

天气变化，增强免疫力 /168

修养自己的快乐之道 /171

第08章 美丽的青春期，男孩要杜绝不良行为 /175

青春期要杜绝吸烟喝酒 /176

紧身裤真的好吗 /178

染发不适宜，自然最帅气 /180

沉迷网络，有损身心 /183

"黄毒"让花季失去色彩 /185

毒品，是吞噬美好青春的恶魔 /188

青春期男孩们吸毒有哪些诱因 /191

青春期性行为不可取 /194

参考文献 /198

第01章

青春期来临，身体有了新变化

青春期是个体由儿童向成年人过渡的时期。男性也一样，每个成熟的男性都要经历青春期这个阶段，当然，成熟的一个重要部分就是生理的成熟。男孩的青春期成长有几个重要的年龄阶段：急速成长从10.5~14.5岁开始，在14.5~15.5岁左右达到顶峰期，以后逐渐减慢，到18岁左右时身高便达到充分发育水平，体重、肌肉力量、肩宽、骨盆宽等也都得到增加，这意味着男孩已经趋于成熟了。

与此同时，男孩的性机能和第二性征也发育成熟。在这段期间，睾丸发育，容积增大，是青春期生长、发育的重要反映；自己不时用手触摸睾丸，会感到它在慢慢地长大。与此同时，男孩一般还会出现遗精的现象，一般在13岁左右。睾丸的间质细胞开始分泌出雄性激素（睾丸酮），会做性梦，阴茎常会勃起。随着其激素在血浆中的浓度不断增加，生殖器官进一步发育成熟，出现嗓音变粗、喉结突起，长出比较密集的胡须和腋毛、阴毛等第二性征。

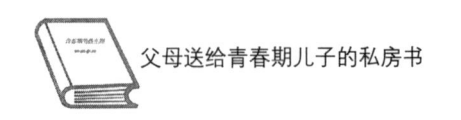

我可爱的童音为什么变粗了

小伟已经上初中一年级了,最近,他发现他的声音好像变粗了,他不敢跟同学、父母说话,因为他怕一开口就被他们嘲笑,所以,他一放学回家就躲进房间,爸妈叫他吃饭的时候他才出来,就连他最要好的朋友多多找他说话,他也不想理。

这天晚上,他在房间做作业,爸爸突然敲门进来,问他是不是和多多吵架了,小伟说没有,在爸爸的一再追问下,小伟只好说出了内心的想法。等他说完以后,爸爸笑了笑,说:"我的傻孩子,这是因为你的青春期到了啊,我们每个人都有这个过程的,爸爸像你这么大的时候,也经历过变声期,这说明你长大了,是个男子汉了,是好事啊,不用害羞的……"

青春期的到来是瞬间的事,喉结出现,声音变粗,这一切几乎就在一夜间突然发生,也可能需要几个星期或几个月。骤然间,你会感觉仿佛你的声音全乱套了:一会儿又高又尖,一会儿又低又沙哑。这是为什么呢?

喉的内腔叫作喉腔，喉腔内有声带，左右声带之间的空隙叫作声门。喉肌的收缩和舒张可以使声带拉紧或放松，使得声门扩大或缩小。由于呼出的气体对声带产生冲击，从而使声带发出强、弱、高、低等不同的声音。

无论男性还是女性，进入青春期后，都要经历一个变声期，即嗓音由原来不分男女的童声，分别变为低粗的男声和高细的女声，而这一变化，在男孩身上体现得尤为明显。进入青春期后，男孩的喉部迅速发育，喉结前突、声带增长、声带宽度和厚度加大。这时期的声带容易出现肿胀、充血，致使声门闭合不全，发声时往往有嘶哑、音域窄、发声疲劳、发高音困难、咽喉部有异常感觉等症状。

任何人都无法拒绝成长，因此，对于变声，男孩可能一点办法也没有，正因为如此，男孩有时候会被人笑话，并为此而窘迫。不过，这正是你走向成熟的标志，你同伴没被取笑，是因为他们还没有成长到这一步。

那么，男孩到了青春期，面临变声期，该如何保护自己的嗓音呢？

每个孩子的成长都要经过变声的过程，但变声期的长短是因性别和因人而异的，男孩一般在半年到一年左右。男孩在变声期期间声带容易肿胀、充血，更容易受伤，所以特别要注意保护嗓子。为此，男孩要注意以下几点：

（1）尽量不吃辛辣的、刺激性强的食物，因为这类食物会加重声带的肿胀和充血，乃至影响变声期声带的发育。

（2）使用嗓子要注意，不要过度，也就是尽量不要长时间和大声地喊叫，也不要无节制地唱歌，以免导致声音嘶哑、毁坏嗓子。

（3）注意保暖和锻炼，增强抵抗力。避免感冒，才能避免声带的肿胀和充血，而体质的增强，则有利于声带的正常生长发育。

（4）严禁吸烟喝酒。青春期，男孩身体的各个部分都还处于生长阶段，烟酒中的有害物质对青少年的生长发育（包括声带的生长发育在内）是非常有害的。

竟然和爸爸一样长胡子

初二这年，小伟发现，他的下巴长出了胡须，不仅是他，他们班不少男同学都有，这简直太难看了，所以他总是想拔掉。

这天早上，他在卫生间洗脸的时候，看到镜子中的自己，又自卑起来，于是拿起妈妈的眉钳一根根拔胡子。老爸看到后，好奇地看着他："豆豆，干吗呢，不疼吗？"

第01章 青春期来临，身体有了新变化

"啊，你进来怎么也不敲门？"

"你门压根儿没关。你在干什么呢？"

"我长胡子了，好难看啊，下巴变黑了。"

"哪有，你觉得爸爸难看吗？"爸爸反过来问道。

"不难看啊，我觉得爸爸很有魅力。"

"可是，爸爸也长胡子啊，只是我经常拿剃须刀剃掉而已。其实，长胡子是一个男孩长成成熟男人的标志，你应该感到骄傲，你现在是个男人了。而且，你这样拔胡子，是很不好的习惯。"

胡子是男性的第二性征，也是男性区别于女性的一个重要特征。很多特征在男女还处于幼年时候并没有多大的区别，但随着青春期的到来，男女性都随之成熟起来，这些特征也就变得明显。在生殖器官发育的同时，男性第二性征也随之发育。

在男性第二性征出现的过程中，毛发的变化最为突出。胡须的出现是在腋毛出现后一年左右，也可更早一些。此时，额部的发际逐渐后移，尤其于两鬓角处凹入，而成为特殊的男性型发际，这些迹象表明，这个男孩已接近性成熟期。这时候，男孩就由一个调皮可爱的小淘气变成了身材魁梧、肌肉发达、声音低沉洪亮的堂堂男子汉。而维持男性这类第二性征靠的都是睾丸所分泌的雄激素。

当一个小男孩突然长出胡子后，会给人一种怪模怪样的感觉，男孩自己可能也会感到不自在。其实，这是一种正常的生理现象，不必为此感到羞愧，况且，这是你已经长大成人的标志。

胡子是男子汉的特征之一。男孩子到了青春期就会逐渐长出胡子来，由少到多，由细到粗，越长越旺盛。可是有的年轻人不喜欢长胡子，总是一根一根地把胡子拔掉，这是一种很不好的习惯，有时甚至会招致疾病。

胡子也属于毛发的一种，其下有毛囊、皮脂腺、神经末梢和血管。如果男孩为了美观而拔掉胡子，疼痛不说，还容易造成毛囊及皮脂腺损伤，此时，细菌会乘虚而入，引起毛囊炎、皮脂腺炎。而更为严重的是，胡子所处的位置正好是面部危险三角区内，如果胡子被拔掉，很可能造成细菌感染，然后细菌侵入颅内，引起脑膜及大脑的感染，给人体带来更大的危害。因此，为了身体的健康，切忌随便地拔胡子。

可见，拔胡子没有好处，反倒可能引起一系列健康问题，只有等到胡子长到一定长度时用剃须刀刮一刮，才是最适宜的处理方法。那么，什么时候开始打理胡子呢？男孩一般要等到毛发发育完成的时候再去刮胡子，一般情况下要到二十岁左右，而且一定要注意正确的打理方法。

正确的剃须方法是：

先用温水净面，待毛孔放松张开、胡须变软再开始剃须。操作时顺序应从鬓角、脸颊、脖子到嘴唇周围及下巴。

剃须后，用温水洗脸，再用凉水冲一遍，以利于张开的毛孔收缩复原。然后，涂些润滋液、霜等，以安抚皮肤，减少刺痛。

选择早晨剃须。为了美观、卫生，有些胡须浓密的男性需要经常剃须，但刮胡子最好选择在早晨，因为此时脸部和表皮都处于放松状态。

尚处于青春期的男孩做到面部干净即可，胡须是男人成熟的标志，不必过于在意。

脖子上凸起的东西不是病吧

小刚现在14岁，初中二年级，从去年开始，他就觉得身体好像和小时候不一样了，个子长高了不少，声音也变了。最让他感到奇怪的是，他的脖子上竟然长出了一个奇怪的东西，像一块骨头，摸起来硬硬的。他很害怕，是不是生了什么病，可是他又不敢告诉别人。

终于，这一天，他鼓起勇气对爸爸说："爸，你带我上

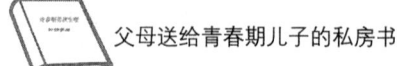

医院好吗？我感觉我快要死了。"

爸爸一听，紧张起来，赶紧问："怎么了，小刚，你哪里不舒服？"

"你看我脖子，好大一个硬结，是不是肿瘤啊？"

爸爸一听他这么说，"扑哧"笑了，然后说："我的傻儿子，你这是喉结，是正常的青春期生理现象，你刚才真是吓死我了，你看，爸爸也有。"说完，爸爸抬起头给小刚看。

那么，青春期的男孩为什么会长喉结呢？要弄清楚这一问题，首先我们要明白喉咙的生理构造以及发育状况：人的喉咙由11块软骨做支架组成，其中最主要、体积最大的一块叫甲状软骨。胎儿在2个月时，喉软骨开始发育，直到出生后5~6年，每年都在增长，而5~6岁到青春期这一时期内喉软骨生长基本停止。进入青春发育期以后，由于雄激素的分泌增多，使男孩出现喉结。

喉结，指人咽喉部位的软骨突起。喉结凸出，是男性的性征之一，经过青春发育期以后的男性，由于雄激素的作用，一般都会发生喉结不同程度地向前凸出的现象。

因此，青春期男孩脖子上突起的喉结是正常生理现象，男孩不必担忧。

那么，喉结大小与身体发育有什么关系？

大部分男性在过了青春期后都会有喉结出现，可是也有

第01章 青春期来临，身体有了新变化

一些男孩的喉结并不明显，这是为什么呢？

有些学者为此做过临床调研，很多喉结不明显的男性，身体并未有什么异样，男性性征很正常，肌肉也很发达，但一般都经历过一些剧烈的运动，其中还有些是非常健壮的田径、体操运动员等。这些喉结不明显的男性中，绝大多数已结婚、正常生育，且无其他异常表现，内分泌检查也未见异常。

一些专家对这些男性的生活进行了一些调查，发现这些喉结不凸出的男性都有一些共性：他们中有一些是从青春期前就一直从事大运动量的体育训练，也有一些男性在青春期刚开始、身体刚发育的时候就开始手淫。专家认为，这些都这可能导致男性在青春发育期雄激素大量消耗，致使甲状软骨未能充分向前凸出，以致从外观看喉结并不那么明显。另外，还有一些人因为肥胖或者脖子较粗，喉结看起来也不是很明显。

但事实上，男性的喉结发育状况与整个男性的身体发育状况没有必然的联系，因此，现在一些医学书刊上不再把喉结的凸出与否作为判断男性第二性征发育是否正常的标准，且许多专家表示男性即便喉结小也没有治疗的必要，所以，青春期男孩不必因为喉结小或者不明显而自卑。

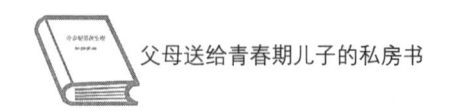

为什么尿尿的地方会有变化

初中二年级已经开始学生物知识了,这天,小伟在生物课本上看到"生殖器官"四个字,很好奇,晚上回家后,他就问爸爸,谁知道爸爸一把把他拉到房间。

"怎么了,爸爸?"

"家里还有妹妹和妈妈,这个问题和女同志说不方便。其实,你问的这个问题是很多青春期男孩都好奇又困惑的问题……"

的确,很多青春期的男孩都发现,自己尿尿的地方好像发生了变化,其实,这是生殖器官的发育。

可能不少男孩都会好奇,男性生殖器官什么样?要了解男性的生殖器官,你需要了解的是:

1.阴茎和睾丸

阴茎是男性的性行为器官,阴茎的前端为龟头。男性生殖器官包括外生殖器和内生殖器两部分。外生殖器主要有阴茎、阴囊;内生殖器主要有睾丸、附睾、精囊、前列腺。在婴幼儿时期,龟头外面包着一层皮,称为"包皮"。

青春发育加速后,或接近成熟年龄时,包皮会渐渐向后退缩而露出龟头。睾丸是男性最重要的内生殖器,呈卵圆形,有一对,存放在男性的阴囊内两侧。在胎儿时期,睾丸在人的腹腔中，出生后才下降到阴囊内。

有些男孩的阴囊内没有睾丸，或仅一侧内有睾丸，通常是因为睾丸还在腹腔内没有下降，医学上称之为"隐睾症"。应该在两三岁时及早进行手术治疗。

睾丸的主要功能有两个：一是产生精子；二是分泌雄性激素。

附睾附在睾丸上方，主要功能是贮存睾丸所产生的精子，同时，它所产生的分泌物供精子营养，促进精子的进一步成熟。精囊位于膀胱底，功能是分泌黄色黏稠液体并参与组成精液，有增加精子活力的作用。前列腺为一实质性器官，它分泌的乳白色液体是精液的主要成分。

2.阴茎会长到多大

很多青春期男孩认为自己的"小弟弟"发育不正常，阴茎不够长，但又羞于启齿，不知道自己是不是真的有问题。

对于男性来说，正常成人阴茎勃起后长11~16厘米，自然状态下长7~9厘米。对于大多数男性来讲，性成熟期在18周岁左右，如果有一些病态，可能会出现我们说的青春期发育迟滞。

同时，男性阴茎大小也会和一些其他因素有关，比如，身材高矮、胖瘦等，因此，会有长短不一、粗细不齐的差异。此外，即使同一个人，在不同状态下，阴茎的大小和长短

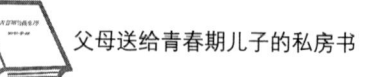

也会不稳定,如紧张、寒冷或严重疲劳都可使阴茎短缩。当然,还有很多其他因素,所以很难单纯从长度上判断阴茎是不是正常。

为什么长大了有时还会"画地图"

这天,妈妈不在家,小伟向爸爸问了一些生理问题。

小伟:"爸爸,什么是'画地图'啊?"

爸爸:"什么'画地图'?我不明白你的意思。"

小伟:"那精子是什么?"

爸爸:"哦,原来你讲的是生物课上的呀!"

小伟:"我们生物老师这些天一直讲这个,我都不懂。"

爸爸:"其实呢,不仅是精子,还有很多这方面的知识你要了解。"

青春期的男孩子发育到一定阶段的时候,便会遗精,很多男孩认为这很可耻,其实,是一种正常的生理现象,是发育成熟的一种标志。一般来说,男孩遗精多数发生在梦中,首次遗精平均年龄为13~15岁,比女孩月经初潮平均年龄约晚2年,在11~18岁之间均可能首次出现。也有报道,首次遗精的最小年龄为10周岁。

男孩遗精，实际就是人们常说的"精满自溢"的结果。由于男性的睾丸是产生精子的器官，随着年龄的增长，生殖器官成熟，睾丸每时每刻都在产生精子，精囊和前列腺等也不断分泌精浆，使得精液在体内不断地积蓄，当达到一种饱和状态时，就会通过遗精方式排出体外。

所以，很多时候，睡梦当中，有些男孩子的阴茎会排出黏糊糊的液体，早上醒来一看，内裤或被褥潮湿一片。

一般来说，男孩每月遗精1～2次，有时稍多几次，均属正常生理现象。少男首次遗精是性成熟的标志之一。

每个男孩都会经历成长这一过程，都会有成长的烦恼，对于遗精，他们可能感到惶恐不安，甚至觉得可耻，更不敢让人知道，好像做了什么见不得人的事似的。其实，遗精这种生理现象是正常的，且有一定的周期。任何一位发育健康的男性在青春期及以后都有可能发生遗精现象。遗精是自发的、不随意的反射活动，不能受人的意识所控制，遗精与思想不纯或道德品质好坏无关，因此，并不是什么可耻的事情。

俗话说"精满自溢"，这是有一定的道理的，因为遗精是由于精子过剩引起的一种生理现象，所以并不奇怪。一般说来，几个月发生一次或1～2周发生一次都属正常。

但也有一些男孩子频繁遗精，甚至一有性的冲动立即发生滑精，这是性中枢过度疲劳的表现，往往是由于性刺激和性兴奋过度引起的。对于这种情况，只要男孩有意识地懂得克制自己，尽量远离那些性刺激，让性中枢得到休息，滑精现象会慢慢得到好转的。还有一种更为严重的情况，如果男孩遗精太过频繁，那么就不能忽视了，应接受咨询或治疗，以排除滑精是由于生殖器官发育异常导致的这一原因。

很多男孩遗精后，会手足无措，对此，男孩要懂得处理：遗精一般需要简单用卫生纸清除排出物，及时擦拭、清洁局部皮肤即可。初次遗精后男孩子要尽量避免穿紧身内裤，因为内衣过紧会增加对阴茎头的摩擦，容易引起性冲动。日常生活中，要注意卫生，也要注意保持外生殖器的清洁，避免包皮垢刺激龟头。内裤应及时更换，换下的内裤应随即清洗，并在阳光下曝晒。

对于遗精次数多少才算是正常，恐怕很多男孩子不清楚，但这是判断自己身体是否健康的一个重要依据。

对于青春期的男孩来说，一个月遗精2~3次属于正常现象，这并不是什么见不得人的事，也不必为此感到羞愧和不安，只要做好遗精后的处理工作就好。但如果遗精次数过多，以及在清醒状态下遗精，则均属于不正常现象。不正常遗精常见于遗精者思想过分集中在性问题上，或有手淫的不良习惯。当然，有些身体因素也会导致遗精过多，如包皮过长、尿道炎、前列腺炎以及身体虚弱、劳累过度等。

那么，如何才能自我控制遗精的次数呢？

首先，要懂得自我控制和节制，要有毅力。

其次，多转移注意力，培养正当的爱好和高尚的生活情操。除去正常的学习之外，业余时间多参加文娱、体育活动，或到户外散散步，做些轻松的运动。

第02章

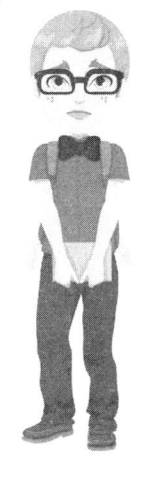

私密地带，男孩面对下身问题不烦恼

青春期是人的身体发育完成的时期。青春期到来以前，男孩身体的各个部分几乎"按兵不动"；而一旦青春期发动，很多部分的发育则"势如破竹"，十分迅猛。青春期的男孩们开始从调皮的小男孩变成一个真正的男子汉，也开始有了一些不能说的秘密。比如，对性的冲动和幻想、对生殖过程的疑惑等。男孩也是羞涩的，其实，这些并不是秘密，大方对待，就可以让自己快乐、健康地度过青春期！

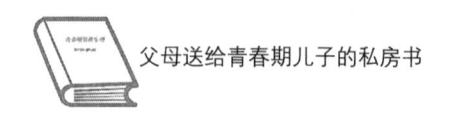

认识一下睾丸的结构

有一天下班路上,夏先生遇到了儿子同学的父亲,并问他:"你们家小伟有没有问你们什么奇怪的问题啊?"

夏先生回答:"没有啊,怎么了?"

"有一天,刚子在房间看书,突然出来问我睾丸是什么,我当时真是不知道说什么好,你说这孩子怎么不学好!"

"就这事啊,这些你们本来就应该告诉孩子,他们长大了,有这方面的好奇心很正常,我们做父母的千万不能责备,用心地引导才是正确的。"听完夏先生的话,这位父亲若有所思。

那么,关于睾丸,有哪些是青春期的男孩应该了解的呢?

1.睾丸的结构

睾丸分内外两侧面、前后两缘及上下两端,内侧面比较平坦,与阴囊隔相贴附;外侧面隆突,与阴囊外侧壁相贴附;前缘游离而隆突;后缘较平直,又名睾丸系膜缘,与附睾及精索下部相接触。

2.附睾的作用

附睾"地址"隐蔽，看似不起眼，却是精子的必经之路，又是精子发育、成熟的"摇篮"，有着重要的生理功能。附睾紧贴睾丸的上端和后缘，分为头、体、尾三部。头部由输出小管蟠曲而成，输出小管的末端连接一条附睾管。附睾管长约4~5米，蟠曲构成体部和尾部。管的末端急转向上直接延续成为输精管。那么附睾主要功能有哪些呢？

（1）促使精子成熟。有动物实验表明，附睾决定着精子是否具有受精能力。如果去除附睾，把输精管和睾丸输出小管直接相接，那么从精管排出的精子没有受精能力；而如果将输精管和附睾头部1厘米左右处相接，那么精子具有受精能力。

（2）储存精子。进入附睾之后，精子一般要停留19~25天，附睾内部的液体偏酸性，渗透压高，含氧量低、二氧化碳含量高，精子处于静息状态，若没有被及时排出，精子会储存在附睾尾部，可以存活28天甚至更长时间。

（3）吸收功能。附睾中有吞噬细胞，没有排出体外的精子会被附睾的吞噬细胞逐步解体和吸收。

（4）免疫屏障功能。附睾还有屏障的功能，阻止精子进入附睾上皮，避免自身发生免疫反应。

3.青春期，睾丸会长到多大

进入青春期的男孩，对这个问题都比较关注，很多人都担心

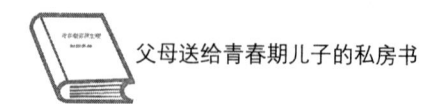

自己的睾丸太大或是太小。那么，男孩在青春期，睾丸一般会长到多大呢？

首先要了解各个不同年龄时期睾丸的正常体积。男孩在10岁前，睾丸发育处于相对静止期，体积仅1~3立方厘米；10岁以后进入青春期，睾丸加速增大；到了18岁，睾丸体积即达到成人水平，为12~25立方厘米；60岁以后男性进入性衰老阶段，睾丸体积逐渐缩小。

受各种因素的影响，男性的睾丸在大小上是有差异的，并不是睾丸大或者是小就会有问题，只要不影响性功能和生育问题，就是在正常的范围内。

为什么成年人的阴部颜色深

这天晚上，赵先生在房间和妻子看电视，突然收到一条短信，打开一看，原来是儿子发来的，内容是："爸爸，我有个问题想问你，可是很不好意思，你能来我房间一下吗？"赵先生很奇怪，但并没跟妻子说，而是自己悄悄来到了儿子房间。

赵先生敲开门发现，原来儿子在看一本《生理大全》的书，他知道儿子肯定是长大了，便主动开口："你不是有问题要问爸爸吗？不要不好意思，我们都是男人了，爸爸是过来人,也许能帮你解疑答惑呢!"

原本还扭捏不安的儿子这下子轻松了很多,便说:"好吧。爸爸,这本书上说成年人的阴部都会深一点,这是为什么呢?我在网上搜了下,网上说的是因为性生活多了才这样,是吗?"

"看来我的儿子真的长大了,关于这个问题……"

进入青春期的男孩都会对男性生殖器官产生好奇,也会对为什么成年人的阴部颜色深而感到疑惑,其实,对此,男孩应了解以下三点:

1.色素沉着

随着青春期的发育到性器官的成熟,雄性激素会增加,因而阴部会有色素沉积,随着年龄的增大,阴部的颜色就会逐渐加深。

2.性生活

一般来说,在很多未成年人看来,成人都有性生活,阴部也会因为异性的抚摸和亲密动作而使得阴部颜色加深,因此,不少人会把阴部颜色深浅作为纯洁的象征。

3.肤色差异等原因

可能不少青春期男孩会认为,阴部颜色深可能是性生活的原因,确实,长久的性生活可以导致这种现象,不过它也因人而异,没有绝对性,有人天生就黑,就像皮肤一样,有人白有

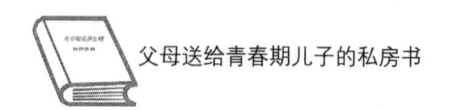

人黑，还有后天的因素，如食物、体内激素等原因。

阴茎为什么有时偏向一侧

这天晚上，赵先生又趁妻子刷碗的时间，溜进儿子的房间，帮助儿子解答一些成长困惑。

"爸爸，今天生理课上，老师给我们展现了男性勃起状态时的模具，我发现好像和我的不大一样，我的总是偏向一侧，我肯定有问题，今天一天我都惴惴不安。我要不要去医院？"

"我想你大概想多了，要看自己是不是有问题，其实不是完全看阴茎是不是偏向一侧……不过如果你不放心，我们可以哪天去医院看看。"

有些发育期的男孩子的阴茎有时候会偏向一侧，使得他们以为自己是不是有什么问题，其实，阴茎有时偏向一侧是正常的。因为阴茎是由三条海绵体组成，三条海绵体的充血程度不完全相同。充血不等就使阴茎的勃起不一定指向前方，而偏向一侧，或向上翘，并不一定形成90°的角。同样，阴茎疲软后，也不一定是指向下方，有时也可能指向前下方，这也是由阴茎海绵体疲软程度不同而形成的，都属正常现象。实际上，大多数男子的阴茎都会在不同程度上向某一方向弯曲偏斜，男孩不必自卑。

但也有少数情况是由于瘢痕、系带过短、尿道下裂、阴茎硬结症等引起的勃起弯曲伴随有阴茎勃起疼痛的，这种情况则需要治疗。

有的男性由于先天性的阴茎发育不良或后天的疾病造成勃起后弯曲。先天因素如尿道下裂、双侧海绵体发育不对称、阴茎海绵体周围存在异常纤维组织；先天性包皮系带过短。后天因素如包皮环切术时包皮切除过多；阴茎有外伤或感染史，局部形成瘢痕，特别是性病引起的后遗症；还可能是一种特殊疾病——阴茎硬结病所引起的，这一疾病的特点是阴茎上有结节状或条索状硬结。对于以上情况，建议到医院就诊，可通过先进的诊断技术来确诊，再进行针对性治疗。

阴茎大小有什么区别

一天，乐乐和爸爸去超市购物，看到了一个黑黑壮壮的男人。回来，乐乐很好奇，问爸爸："爸爸，最近我们都在上生理课，讲到男性阴茎的问题，你说刚才那个黑黑壮壮的大哥哥是不是比正常男人的阴茎大呢？"乐乐很大方地问。

"爸爸很高兴你能坦然地问这些问题，没什么害羞的，

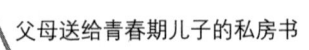

不过爸爸要告诉你的是，成人的阴茎大小和身材是否魁梧、肌肉是否发达以及身高都没有决定性的关系，每个人的个体因素不同，我们不可凭这些因素判断。"

"那么，成年人的阴茎为什么会有大有小呢？"乐乐继续问。

"关于这个问题……"

可能不少青春期男孩也都对故事中的乐乐的问题感到好奇。其实，阴茎的粗细和长短不可定论，因为，阴茎本身的构造都有其特殊性，阴茎是由海绵体组成的，具有很大的胀缩性。

阴茎在勃起时由三个充满血液的空腔海绵体组成，这三个海绵体空腔行使了阴茎勃起组织的功能，而龟头和尿道海绵体为勃起提供了体积，一对阴茎海绵体为勃起提供了硬度。血液充斥阴茎勃起组织的空腔海绵体，就像海绵吸水后胀大的原理一样。成人阴茎勃起后长11~16厘米；自然状态下长7~9厘米。对于大多数男性来讲，性成熟期在18周岁左右。

怎样才算是真正的小阴茎呢？阴茎在青春期前短于2.5厘米，青春期后短于5厘米，而且发育不正常，没有勃起功能；特别是第二性征发育不良，性功能障碍，无生育力，无精子，方可认为是阴茎发育不正常。

因此，正常的阴茎长度究竟是多大尚无统一标准。先天性小阴茎，是一种极少见的疾病，其发病原因可能和其母亲妊娠期间雄激素分泌不足、遗传因素等有关，经医生检查才能确诊。

事实上，成年男性的阴茎在勃起时增大的幅度较大，而较大的阴茎在勃起后增大的幅度则较小。由此可见，阴茎在常态下长度差异较大，而勃起时的长度差异较小，且均可达到正常性功能需要的大小。

当然，阴茎大小是相对而言的，的确有大有小，如同人有高矮、手脚有大小一样，也有差异性，阴茎的大小长短有种族差异和个体的不同。对于青春期男孩来说，只要阴茎在青春期之后较青春期前有显著增大，就是正常的，相对小一点并非异常。阴茎过于短小即真正的小阴茎是罕见的。

同时，性器官发育趋向成熟的青春期男孩和成年人也有所不同。每个人进入青春期的年龄不同，发育情况也有差别，所以，相同年龄的男性，即使完全发育成熟后，阴茎的长短、粗细也会有些不同，这是正常现象，青春期男孩不要担心。

精子到底是怎么产生的

男孩们，生物课或生理课上，想必你会在显微镜下看到精子，你一定会发出感叹。密密麻麻的精子，样子很像蝌蚪，头很小（长6微米），而尾巴却很长（60微米）。正是这

根长长的尾巴使精子能奋力向前游动,去寻找卵子,并与之结合。不过,精子活动起来速度挺快。如果你有机会看到精子穿进卵子的情景,数百个精子一齐把头贴附在比它大得多的卵子(150微米)上,尾巴向外,拼命摆动,奋力向里钻时,你更会惊异万分!由于精子的运动,受精卵及其周围的其他精子迅速转动起来,转个不停,它们好像在跳生命之舞。

看罢这些精彩的场面你一定会问,精子究竟是怎么产生的?为什么睾丸的体积那么小,每天竟能产生上亿个精子呢?要想回答这个问题,必须从睾丸的解剖形态和组织结构说起。

正常男性的阴囊内有两个睾丸,每一个睾丸里大约300~1000条曲细精管,其总长度加在一起可达到200~300米,精子就发源于睾丸曲精细管的生精上皮,而生精上皮由生精细胞和支持细胞组成。

睾丸是男性的生殖腺,是产生精子和分泌性激素的场所。从外观上看,睾丸左右各一,呈稍扁的卵圆形,位于阴囊内。

青春期开始后,由于雄激素的作用,睾丸内的精原细胞开始大量繁殖。

男性在雄激素的刺激与维持下,促使原始生精细胞演变成精原细胞、初级精母细胞、次级精母细胞直至发育成精子细胞,再经过复杂的演变过程最终发育成为成熟的精子。

精子的生产,不是一个个进行的,而是一个连续的过程。虽然每个精子的发育要经历两个月的时间，但对于成熟的正常男性来说，每天都有5000万个新的精原细胞产生，并同时进入分裂的过程，就是这样连续不断、周而复始，每天都会产生2亿个成熟的精子。

每个精原细胞经过72天的分裂，最终变成4个精子，其中两个是X型，两个是Y型。

成年人睾丸内，每时每刻都在产生精子，有人估算过，成年人每克睾丸组织在每秒钟内可产生300～600个精子，每天双侧睾丸可产生上亿个精子。这也是控制精子生成的男性避孕方法比抑制女性排卵要困难得多的原因之一。

精子是什么样子的

这天，生物课上，老师带领同学们来到实验室，然后说："同学们，今天我要给大家讲解男性的生殖系统问题，接下来，大家可以用显微镜看看男性的精子，然后再告诉我精子的形状。"

过了会儿，同学们纷纷回答："像小蝌蚪。""头部大，尾巴小。"

"对，这就是精子……"

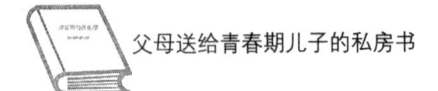

1.精子

男性的精子是非常小的,肉眼是无法看到的,但通过仪器,还是能看出其大致形状的,光学显微镜下精子的头呈扁平卵圆形,正面呈卵圆形,侧面是梨形。

成熟的精子,看起来非常像"小蝌蚪":分为头、颈、中、末四部分。在它的头部有一个顶体,是一种特殊的溶酶体,有助于受精过程中穿透女性体内成熟卵子的外壳。

(1)精子头部呈卵圆形,长4~5微米,由细胞核、顶体和后顶体鞘组成。

细胞核位于头部中央,核内有染色体浓缩形成的不规则形态的携带遗传信息的核泡。

顶体是覆盖头部的帽状结构。其内含有多种水解酶——顶体酶。当精子与卵子相遇时,顶体酶释放出来,溶解卵周放射冠之间的透明带,使精子容易穿入卵子内形成受精卵。

后顶体鞘能识别卵细胞膜,并与之融合。当后顶体鞘缺乏时,即可造成不孕症。

(2)精子头与尾相连的部分,主要作用是储存能量。

(3)精子的尾部也叫鞭毛,长约45微米,精子就是靠它向前游动的。

2.精液

男性的精液是指睾丸产生的精子和前列腺、尿道球腺等所分泌的液体组成的混合物，包括精子和精浆两部分。精子在睾丸中产生，并悬浮于精浆中，精浆起到保护精子的作用。

正常精液为乳白色蛋清样，如因节欲时间过久而未射精时可呈淡黄色。新排出的精液有特殊的腥味，具有高度的黏稠性，呈胶冻状，离体后30分钟可完全自行液化呈流体状。一次射精的精液为2~6毫升，少于0.5毫升者为精液过少。每毫升精液中含精子1~2亿，过于频繁的射精可减少精液量和精子数量。若把精子按一定比例放在特定的营养液中观察，正常精子活动持续时间不应少于3小时，排出体外的精子在37℃时，约经8小时就失去生命力。正常精液中活动良好的精子约占85%~90%，无活动力或死精子不能多于10%~15%。如果精子过少或活动力太低，或畸形精子和死精子比例太大，则受精概率就会明显降低，甚至造成不育。正常精液呈弱碱性，pH值在7.5左右，pH值低于7.2或高于7.8者都属于不正常。

精液排出接触空气后呈凝胶状，20~30分钟后液化，这种液态变凝胶、凝胶又液化的转变过程，与精液中所特有的酶体系有关。如果这一酶体系异常，就会发生精液不凝固或不液化等病理现象。

正常射精过程有一定的顺序，在射出的第一部分里有精子、副睾液、尿道球腺的分泌物和前列腺液；射出的第二部分主要为精囊腺的分泌物。所以，第一部分比第二部分的精子数多且有较好的运动和生命活力。射精过程的这种规律顺序是由于排精管道和各附属腺上的平滑肌的收缩顺序不同而引起的。如果射精过程中肌肉收缩的正常顺序发生紊乱，射精顺序也就发生紊乱，将导致射精异常性不育。

睾丸两边不对称或隐睾怎么办

刘先生发现，最近儿子成成的心情好像很不好，总是郁郁寡欢的，找他说话也不理，一放学回家就钻到自己的房间，吃饭的时候匆匆吃点就回房了，刘先生决定找儿子好好谈谈。

"儿子，最近有不开心的事吗？有什么就和爸爸说，你的很多烦恼爸爸都遇到过，我想我应该可以给你一点意见。"

"好吧，不过实在很难为情。这几天老师上生物课，讲到男性睾丸的问题，我发现我的睾丸不对称，可能从小就这样吧，不知道是不是病。我左侧的睾丸明显比右侧的睾丸大，都缩到上面的时候还体现不出来，尤其是都坠下来的时候，左侧的要比右侧的大一个半多。"

听完儿子的话，刘先生终于知道儿子为什么不开心了。接下来，他语重心长地对儿子说："其实，儿子你想多了，正常人的睾丸都有一定的差距……"

可能所有青春期的男孩都会关心这个问题——睾丸两边不对称怎么办？怎样的睾丸是异常的？对此，你需要了解以下两个问题：

1.两侧睾丸不对称怎么办

正常人的睾丸两侧并不是一样大的，而是有一定的差距，但是只要两侧的大小都在正常的范围内，一般是不会影响健康的，也不会造成不育。有的男性两侧睾丸的大小差异非常明显，这有可能是因一侧的睾丸先天发育不良造成的，也有可能是小时候腮腺炎伴发睾丸炎，破坏了睾丸的细胞，造成睾丸萎缩的情况；如果是两侧睾丸一直对称，但是突然出现一大一小的情况，还有发烧、疼痛等症状，则有可能是睾丸炎造成的。

如果两侧睾丸的大小差距很大，则需要及早到医院查明原因，如果是因疾病导致的，要及早治疗，否则极有可能造成男性不育。

2.隐睾是怎么回事

隐睾又称睾丸下降异常，是指胎儿在正常发育时睾丸下降的过程中出现停留，不再下降。这是男性生殖器官先天性异常中最常见的一种疾病。隐睾在男性婴幼儿出生时发生率为3%～4%，但大多数婴儿出生后几个月内可自然下降至阴囊内。经统计，出生后超过一年睾丸仍未下降入阴囊的发生率约为0.7%。

男性胎儿在母体发育时，其睾丸的下降过程发生障碍，"抛锚"于下降途中，阴囊里找不到睾丸，就形成了隐睾症。究其原委，主要有以下几个因素：

（1）解剖因素。

①睾丸系膜与腹膜发生粘连，使睾丸无法向下。

②在胚胎期，睾丸系带很短或缺如，不允许睾丸充分下降。

③精索的血管或输精管太短。

④睾丸的血管发育异常，弯曲或皱褶，从上方牵拉而限制睾丸下降。

⑤睾丸体积过大，腹股沟管过紧或外环远端进入阴囊的口缺乏，则睾丸无法进入阴囊内。

⑥阴囊发育异常，阴囊太小，容不下睾丸。

（2）遗传因素。

有部分男性之所以会隐睾，是与遗传因素有关，他们有明显家族史，当然，这也不是绝对的原因。

（3）内分泌因素。

睾丸下降要有足够的动力，那就是要依靠母体的促性腺激素刺激胎儿睾丸间质细胞产生雄激素，故：

①睾丸本身有缺陷时，对促性腺激素不产生下降反应而发生隐睾。

②因睾丸下降发生在血液中促性腺激素浓度很高时，所

以，当母体促性腺激素匮乏时，也会导致睾丸下降不全。

在公共场合阴茎勃起该怎么办

这天，天气十分炎热，郑先生准备带儿子小武去市游泳馆游泳。

小武下水后，十分开心，和爸爸尽情地游玩着，时间过得很快，转眼就快傍晚，他们收拾东西准备回家。

路上，小武对爸爸说："我今天看到一件事，不知道该不该跟你说。"

"有什么就说吧，不要有顾虑。"郑先生说。

"我刚才在泳池看到一个哥哥，大概比我大几岁，我发现他的小弟弟站起来了，他当时脸都憋红了，应该是难为情。爸爸，要是在公共场合我也突然勃起怎么办？"

"其实，在公共场合勃起没什么害怕的，只要你……"

小弟弟在公共场合不由自主地勃起，想必很多青春期男孩都会感到特别尴尬。其实，阴茎勃起是人类的一种本能，有时并非由人的意志所决定，而是由一系列的反射活动所引起。

那么，为什么在公共场合阴茎怎么也会勃起？

青少年正处在青春发育期，阴茎的勃起现象更为频繁。

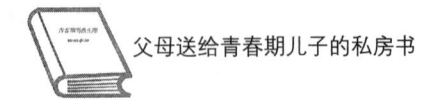

青少年进入青春发育期以后，随着身体的发育，性器官也会逐渐发育成熟，自然会产生性意识，会产生一定的性冲动和性欲望。尤其是当在生活中受到一些有关性的刺激时，如爱情电影、书刊或者情侣亲吻、紧身裤的摩擦等，都有可能产生性欲望引起勃起。这一切，都不是病态，也不是耍流氓，而是正常生理现象。

当出现生理反应时，不要过分紧张，也不要羞怯，可选择静坐一旁待生理反应慢慢平复。总之，无须过虑，就让它自然地随时间平复过来就好了。

其实，像上述这样的情况，可能不少成熟男性都遇到过，勃起是所有性功能正常男性普遍存在、会自发产生的生理现象，是性能力成熟、健康的表现。

因此，面对公共场合遭遇的"尴尬"，男孩们，你应该首先检查自己是否穿着了过紧的内裤、牛仔裤，或者挤车时有无不经意的阴茎摩擦，这两个因素都可能导致它容易勃起。

在排除了这些因素后，你可以采取以下方法来克服这一问题：

（1）转移注意力，专心致志地去做一件令自己感兴趣的事，而不要去关注自己有没有勃起的问题。

（2）发现勃起时小便一次，因为，在膀胱尿液排空后，阴茎通常会自然而然地疲软下来。

总之，青春期男子受刚刚增高的雄激素水平影响，对性刺激尤为敏感。阴茎受刺激后容易勃起的现象完全正常，它既不是病，更不是见不得人的事，为此，青春期的男孩们，如果你也遇到这种情况，你不必为此感到羞愧，即便你没有发现周围男生有勃起现象，也很可能是因为他们掩饰得比你好。

你的三角区的丛林茂密吗

这天放学后，星星一回家就回了自己房间，然后关上房门，一句话不说。爸爸觉得很奇怪，平日里的星星都是叽叽喳喳，回来就会和爸爸妈妈说学校的趣事，儿子这是怎么了？于是，他敲开了儿子的房门。

"星星，是不是遇到什么不开心的事了？"爸爸关切地问。

"没什么大事，就是觉得难以启齿。"星星趴在床上一声不吭。

"没关系的，我们都是男子汉，很有可能你的苦恼爸爸也遇到过呢，跟爸爸说说吧。"

"好吧。今天我们几个男生一起上厕所，他们看到了我的下面，然后就嘲笑我，说我阴毛好少，都不像个男人。"说到这里，星星更难过了。

"星星，你要明白，是不是真的男子汉，与阴毛多少、性器官大小没有关系的……"

随着年龄的增长、睾丸的成熟，在雄性激素的作用下，男性第二性征日益明显。十二三岁以后，男性逐渐长出体毛、胡须、腋毛；变声及喉结增长；睾丸和阴茎变大；分泌精液以至出现遗精；骨骺愈合，身材高大，肩宽；皮肤粗糙。

阴毛是人体的第二性征之一，一般来说，女孩子11～12岁、男孩子14～15岁开始出现阴毛。青春期男孩，如果超过十七八岁还不长阴毛，就很可能存在发育不健全的问题，需要观察睾丸大小、阴茎大小、胡须、喉结、声调等方面有无异常表现。如果存在多种其他不正常表现，可能意味着内分泌系统或染色体详细信息出了毛病，应及时就医。

但如果不存在其他指征，那么很可能是阴毛生长受体有缺陷，导致阴毛稀少、柔软；而生长激素缺乏或者对雄激素不敏感时，则阴毛不生长，这时很可能伴有腋毛和其他体毛的稀少，也可能具有家族史，但这种单纯的体毛生长异常对整个身体健康和生殖健康并无影响。

事实上，阴毛少对于人体并没有十分重要的作用，而对于一些青春期男孩来说，他们觉得同龄人的性器官比自己的大，胡子比自己的浓，阴毛比自己的密等，于是，不仅自卑，而且会以为自己是不是生了什么病，其实，对于这些，男孩不必惊慌，因为属于病理情况的只是少数。

可见，男性的第二性征有多种表现，它们出现的早晚和先后顺序难免有所差别，阴毛也是如此，只要不存在其他问题，就大可不必为之烦恼。

下面红红的，发炎生病怎么办

这天上课时，小龙突然发现下身很痒，他很想用手挠，但是肯定不方便，就这样，一节课里，他坐立不安，无法专心听课，他甚至都感觉到老师在看他了，好不容易熬到放学了，他赶紧回家洗澡，这才好多了。

晚上，他觉得很有必要问问爸爸该怎么解决这个问题。

"爸爸，我想我肯定生病了，身体下面很痒，上课的时候就开始了，而且我刚才洗澡的时候看了下，好像都红了。"小龙有点局促不安。

对此，爸爸的回答是："我想你应该是发炎了，明天我带你去医院看看，你别太担心，很多青春期的孩子都会遇到这样的问题。不过平时一定要注意私处的卫生，勤洗澡，别偷懒。"

几乎所有的青春期男孩都很关心自己的阴茎，因为这是男性健康的重要部分。小龙的症状大致可以判断为阴茎发炎生病了。从一般情况来看，他患的应该是包皮炎和龟头炎。

包皮发炎多见于青少年和儿童，常因包皮过长、包皮垢引发，在未注意局部卫生时，使包皮内污垢积聚，受到细菌感染后发病。

包皮炎和龟头炎经常并发，所以经常把它们合称为包皮龟头炎。其主要临床症状有：局部潮红、瘙痒、肿胀、灼热，甚至有分泌物渗出，呈恶臭味，严重者可出现寒战高热等全身不适的症状。

引起包皮龟头炎的原因有：不洁性交，感染了白色念珠菌、滴虫、衣原体、支原体、淋病双球菌或其他细菌引起；非感染因素多是包皮过长、清洁不够，致包皮垢长久堆积起来，刺激局部的包皮和黏膜发生炎症。

包皮发炎是一种生殖传染疾病，为此，男性要做好预防工作，平时要注意卫生，多喝水，禁止不洁性交，少食辛辣刺激性食物。另外，最重要的是，平时也应该经常用温水清洗外阴；而洗澡时，应将包皮翻转，洗净包皮囊内的包皮垢，这是预防包皮发炎最简单而又行之有效的办法。

包皮垢的慢性刺激和阴茎头包皮炎的反复发作，也是引起阴茎癌的重要因素，所以早日施行包皮环切术对预防阴茎癌有一定意义。如果仅凭预防工作不能解决问题，建议还是去手术，手术很小，而且对包皮发炎治疗有很大帮助的。一般来说，手术过程创伤小，无痛苦，术中出血少，不留疤痕，也不会影响患者正常的工作学习。但建议到正规医院男科检查诊治。医生会先消炎，待炎症治愈后再实施包皮环切术，这样做可以有效杜绝得龟头炎的概率。

"一滴精"等于"十滴血"吗

这天，明明在家上网，突然看到一句话——"一滴精"等于"十滴血"，言下之意也就是精子十分宝贵。刚上过生物课的明明觉得很奇怪，因为老师在课上也没有强调这一点。他准备问一问爸爸，也许爸爸能给自己答案。于是，他敲开爸爸书房的门。

他很大方地开口问爸爸："我上网的时候看到'一滴精'等于'十滴血'这句话，真的是这样吗？精子那么宝贵？"

"这当然是没有科学根据的，是民间为了劝谏人们节欲而给出的说法，不过这也告诉男性朋友不能纵欲过度……"

民间流传着一种错误的说法，把精液看得十分宝贵，认为"十滴髓生一滴血，十滴血生一滴精""损失精液，大伤元气"，会使骨髓空虚，精髓枯竭，易致早夭短命，所以宣传只有藏而不泄才能使人健康，延年益寿。

实际上，血液和精液之间毫无关系，排精液的损失并不大于唾液，两者都可以很快地由身体的有关分泌腺分泌出来。精液也并不是什么特别宝贵的东西，除了精子，精液中的其他部分叫作精浆，精浆的成分与血浆相比没有太大差异，血浆里除90%左右是水分外，其他是极少量的蛋白质、糖、微量元素等物质，所以，一滴精等于十滴血的说法是不科学的。

古代中医房中术，多数赞成夫妻性生活有一定节制，认为有意养生的人要做到积精少泄、节欲固精，以精足气旺、精力充沛、神形聪慧。精液不可遗泄过多，精亏不足时须注意调养和补益。夫妻交合过多、男子射精过频，会出现疲倦乏力、头晕耳鸣、腰膝酸软等不适，这些对健康来说是不利的。

另外，前面谈到遗精，俗话说"精满自溢"，这是有一定道理的，因为遗精是由于精子过剩引起的一种生理现象，所以并不奇怪。一般说来，几个月发生一次或1～2周发生一次都属正常。

但也有一些男孩子频繁遗精，甚至一有性的冲动立即发生滑精，这是性中枢过度疲劳的表现，往往是由于性刺激和性兴奋过度引起的。对于这种情况，只要男孩有意识地懂得克制自己，尽量远离那些性刺激，让性中枢得到休息，滑精现象会慢慢得到好转的。还有一种更为严重的情况，如果男孩遗精太过频繁，那么就不能忽视了，应接受咨询或治疗，排除滑精是由于生殖器官发育异常导致的这一原因。

可见，虽然"'一滴精'等于'十滴血'"这种说法不科学，但处于青春期的男孩们，依然要把注意力放在自身知识的积累上，青春期是学习的大好时期，不可荒废。

包皮有问题怎么办

有一天，小伟和同学舟舟在客厅看球赛，球赛完了以后，小伟把电视调到电视剧频道，这时电视里正在播一则关于男性生殖器整形手术的广告。

舟舟突然问小伟："什么是包皮啊，你知道吗？"小伟的脸一下子红了，说："我怎么可能知道！"

这时候，爸爸从房间走出来，说："这没什么好害羞的，我来跟你们说说吧。"

于是，接下来，爸爸给孩子们好好上了一课。

包皮是指阴茎皮肤在阴茎头处褶成双层的皮肤，在婴幼儿期包皮较长，包绕阴茎使龟头及尿道外口不能显露，称为生理性包茎。随着年龄的增长，阴茎和包皮逐渐发育，到青春期时，包皮向后退缩，至成人期龟头露出；但是，约有30%的男性至成人期时包皮仍完全盖住阴茎龟头。包皮不仅是男性生殖器官的重要组成部分,而且具有重要的生理意义。

包皮过长关键在于一个"过"字,包皮长不一定需要手术,包皮过长才是需要手术切除的。包皮过长是指男性青春发育期过后,在阴茎勃起状态下包皮仍遮盖尿道口。但是,如果在阴茎勃起状态下包皮退离尿道口或阴茎头能伸出包皮口,就不应视为包皮过长。

包茎是指龟头与包皮粘连,包皮不能翻动。包茎有完全与部分粘连之分,有些包茎粘连较紧,需手术分离;有些包茎粘连较松或部分粘连,在无炎症情况下,包皮可上翻,如使粘连逐步与龟头分离,包皮多能翻至冠状沟部。对伴有包皮口狭窄的包茎,无法上翻包皮、扩张包皮无效时应手术,分离粘连并切除包皮。

那么,包皮过长有何危害?

包皮过长在男性疾病中虽然称不上什么大病,但很普遍,危害也很大。因此,我们不能忽视。

包皮过长本身没有多么可怕,但会引发一些感染性疾病,比如,包皮过长的男性在排尿后,最后的几滴尿液不易排尽,往往积聚在包皮内,加之包皮、龟头表面坏死脱落的细胞及分泌的黏液物质,直肠会阴部的污染与繁殖等因素,在温暖湿润的环境下极易形成一种白膜似的物质——包皮垢。

包皮垢如若长时间停留在包皮长上得不到彻底清洗,就会对包皮、龟头产生刺激，最终可导致其他疾病，如包皮龟头炎、包皮结石、包皮色素脱落形成的白斑病，诱发早泄和阴茎癌，局部长期存在炎症，免疫功能障碍，若有不洁的性生活，则更容易染上淋病、尖锐湿疣等性传播疾病。据有关资料统计：包皮过长患者患阴茎的概率是正常人的几十倍。

因此，青春期男孩一定要重视生殖器官的清洗，发现包皮过长后，要及时治疗，以免引发疾病。

包皮过长，临床表现多为一些局部的炎症，反复形成包垢并产生异味，对此，必须找出解决的办法。

针对包皮过长，有些男性尤其是青春期的男孩子，羞于去医院看病，往往会自己服用一些抗生素类的药物，加外洗清洁，这种方法虽然能将炎症控制住，但治标不治本，一段时间后又会出现上述症状。而且，抗生素会使人体产生抗药性，对于真菌感染引起的包皮龟头炎，使用抗生素药往往会使病情加重。

因此，对于包皮过长与包茎的男性来说，必须在清洁消炎的基础上，通过手术将过长的包皮或包茎彻底从根本上解决，这是目前比较有效的办法。

第03章

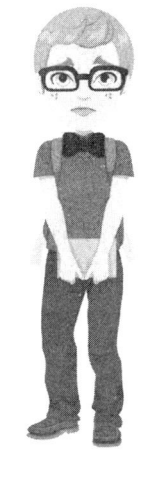

大方面对青春期的面子问题,你可以很帅气

青春期是每个男孩身心变化最为迅速而明显的时期,在这个时期,男孩已经脱离了儿童期的面貌而逐渐成熟,并且,他们在世界观、人生观、价值观等方面也发生了变化,这些都逐渐接近成人。但青春期的到来也给男孩们带来一些成长上的困惑和烦恼,如颜面上的青春痘、身高等一系列问题。其实,青春期是美好的,青春期的男孩本身就很帅气,你们要尊重青春期身体发育的一些规律,对于青春期出现的一些面子问题,也不要心急,过了青春期,有些问题就会自动消失。并且,真正的美来自于内在,充盈自己的知识才是青春期男孩应该关注的焦点。

为什么痘痘偏爱青春期男孩子

最近,小飞脸上的痘痘越来越严重了。他现在已经不敢出去见人了,整天闷在屋子里,然后整天地问妈妈,脸上的痘痘什么时候能好起来。

可巧,他的表弟刚子这几天还总喜欢往他们家跑,来找小飞聊天,小飞看见刚子干干净净的脸,心里更不平衡了:"妈妈,为什么刚子没有长痘痘呢?"刚子很得意,这下子,小飞生气了,放下狠话:"你比我小,搞不好哪天也长了。"

"小飞,你怎么能有这种想法呢?你赶紧给刚子道歉。"幸好,刚子很大度,说:"不用了,他只是心情不好,我不在意的。不过,姑妈,我知道为什么哥哥脸上长痘痘而我不长。"

"为什么?"妈妈和小飞异口同声地问。

"因为哥哥从小就不怎么注意自己的生活习惯,他还总喜欢吃肯德基和冰激凌。"

小飞一听,还真有道理。

"我妈妈说了,青春期的孩子好像总爱长痘痘,也许,这与日常的一些不良习惯有关系,她让我养成良好的生活习惯,这样,也是可以预防痘痘的。"

"妈妈,你怎么没早告诉我?"小飞问妈妈。

"那都是妈妈的错,但我也说过你呀,你也不怎么听。"

很多青春期的男孩都有和小飞一样的烦恼,那么,面对诸如此类的面子的问题,男孩们该怎样对待呢?

不得不说,爱美之心,人皆有之。追求美丽,也并不是女孩子的专利,男孩们同样也希望自己可以有美丽的外表。

然而,痘痘似乎总偏爱青春期的男孩女孩,这也是爱美的少男少女们最担心的问题。

根据医学统计,仅有20%的青少年幸免了痘痘的侵袭;有多达50%的青少年经历过长达一年甚至更长时间的痘痘攻坚战;至于那剩余的30%的高发危险群,在其整个青春期,青春痘都如影随形,挥之不去。

同时,我们也发现,痘痘更喜欢长在男孩脸上。这是什么原因呢?

青春痘,俗称粉刺,学名痤疮,是一种皮脂腺疾病,它的形成与雄性激素的分泌有关,因此男孩子长粉刺的明显比女孩子要多,所以说青春痘更偏爱男孩。

男性进入青春期后,皮肤新陈代谢很旺盛,在体内雄性激素水平增高的情况下,皮脂腺发育致使分泌物增多,此时,这些分泌物如果堵塞在毛囊口,便很容易形成粉刺。另外，粉刺的形成还与胃肠道吸收不良、精神状态不稳所致的植物神经功能紊乱或维生素B_1、B_2、B_6等缺乏有关。

粉刺好发的部位因人而异，就是同一个人，好发的部位也在不断变化，常见发病部位有脸颊、前额、口角、下巴、颈部、后背、前胸等。

那么，青春痘可预防吗？

这是很多青春期男孩关注的问题，其实，适当注意生活习惯和饮食规律等问题，是可以起到一些预防作用的。比如：

1.清洁皮肤

首先要经常清洗，不可偷懒，这样才能保持皮肤的干净清爽。一般人在晨起、午休和晚睡前各清洁面部一次即可，而对于皮肤油性较大的男孩来说，应当增加洗脸的次数。外出回家后应该及时洗脸，将脸上的脏尘和油垢洗掉，避免污物堵塞毛孔。

另外，洗澡洗脸尽量不要用过烫的水，也不要用刺激性太强的香皂或肥皂。

再者，男孩也要注意保护自己的皮肤。避免经常被阳光直晒，太阳直晒不仅有紫外线的伤害，也会令汗腺及皮脂腺的分泌活跃，以致阻塞毛孔，加速发炎；长痤疮时不要用手去挤压，以免发炎，留下瘢痕。

另外，洗脸以不油为宜。洗脸的效果以外观不显得油光满面为宜。至于护肤品，如果油性皮肤的男孩选择具有油腻性质的护肤品，则无异于雪上加霜，很容易堵塞毛孔而产生粉刺和青春痘，所以皮肤油性较大的男孩适宜选用稀薄奶液状的化妆品或护肤品，控油、清洁、祛痘，这样的祛痘产品才是最佳的祛痘产品。

2.合理膳食

俗话说"病从口入"，痤疮虽然不是什么疾病，但也是和饮食有很大关联的。你要想有一张干净、没有痘痘的脸，就要学会合理饮食。

宜多吃清淡的食品，如瘦猪肉、黑木耳、黄瓜、西红柿、黄豆等。

少吃脂肪和甜食，如动物肥肉、鱼油、动物脑、蛋黄、芝麻、花生及各种糖、糖果和含高糖的甜瓜、香蕉、红薯、枣类等。

少吃或不吃辛辣刺激的食品，如酒、咖啡、辣椒、大蒜等。

平时应多吃碱性的蔬菜和水果。另外应吃含锌和维生素A及胡萝卜素的食品。早餐应多吃些含淀粉类、维生素B和无机盐的食物；晚餐应多吃些植物蛋白及脂肪含量少的食物。

3.保持乐观的情绪

皮肤是心情的另一面镜子，男孩在平时应注意保持心情舒畅，消除紧张、焦虑、烦恼等不良情绪，保证充分的休息和睡眠。

这只是预防痘痘的几个方面，青春期的男孩若能养成良好的生活作息习惯，注意卫生，就能从一定程度上预防痘痘！

如何打好祛痘这场青春期"攻坚战"

小鹏是一个爱美的男孩，自从长了痘痘以后，他的书包里多了一样东西——小镜子。现在的小鹏，每天可以不吃饭，但不能忘记带镜子。一到下课，他就拿出他的小镜子，然后用湿纸巾去挤痘痘。有时候，上课的时候，他也忍不住看几眼自己的脸有没有好点。

这天英语课上，小鹏又照着镜子挤痘。老师看了小鹏一眼，又说了几句痘痘不能挤之类的"闲篇"。小鹏不好意思地将小镜子收了起来，可是心里又产生一个疑问："痘痘真的不能挤吗？肯定是老师为了让我好好听课故意骗我的。"

"不好意思，同学们，今天的话题已经扯远了，下面，我们继续上课。"

可是，小鹏好像也听谁说过，要祛痘，就不能挤痘痘。为了确定一下，他一放学就跑回来问妈妈："妈，我们老师说痘痘不能挤,是吗?"

"这是肯定的啊。"

"怪不得我最近脸上的痘痘越来越严重呢!那您说,我怎么办呢?这痘痘怎么祛呢?"

看来,小鹏的确被这痘痘弄得很苦恼,那么,他该怎样打好祛痘"攻坚战"呢?

青春期的男孩长青春痘的最主要的原因是皮脂腺分泌油脂过多导致毛孔堵塞,另外,脸部清洁不当也会导致痘痘的出现。此外,还有一些精神因素,诸如学习压力大、失眠、睡得不安稳、饮食习惯不良等,都会引发青春痘。

的确,很多青春期的男孩都受到痘痘的困扰,也有人把祛痘比作一场没有硝烟的"攻坚战",好在祛痘并不是不可能,实际上,积极地面对痘痘,做好一些预防工作,是能起到一定作用的。

对于青春痘的防治,一般应注意以下几个方面:

(1)对症下药。先针对自己痘痘出现的诱因有效地控制痘痘的泛滥,改善面部皮肤。

(2)保持皮肤清洁,尽量疏通毛孔。有些男孩子为了图方便,用冷水洗脸,其实,这是错误的洗脸方法,温水洗脸才能疏通毛孔。另外,避免用碱性大的肥皂,不用多油脂和刺激性强的护肤品,以免进一步填塞毛囊,使痤疮加重。

（3）注意饮食。不吃辛辣和刺激性的食物，不饮酒、抽烟，平时多食富含维生素A、C和纤维素的食物（如蔬菜、水果），注意饮食卫生。

（4）注意洗脸方式。洗脸时男孩子们不要图快。为了缓解痘痘的症状，洗脸的时候可用毛巾轻轻擦皮肤，让淤积的皮脂从皮肤排出，但绝不能用手挤、掐、挖粉刺，这样做容易感染并形成脓疱和瘢痕。如果局部有感染现象，那就更要引起重视了，可用硫磺、硫酸锌等外用药，也可较长期地口服小量消炎药，这些最好在医生指导下应用。

（5）保持心情愉快，因为痘痘的出现有时候和精神因素有很大的关系。

总的来说，青春痘治疗原则为：去脂、溶解角质、杀菌和消炎。治疗青春痘是一项综合的过程，男孩们切勿用手挤捏青春痘和脓疱，要想减轻痘痘带给你的困扰，就要学会用正确、科学的方法祛痘！

有了痘痕怎么办

班上新来了个男孩叫小强，他除了胖以外，脸上还有一些瘢痕。刚开始，班上的同学还以为小强是个有暴力倾向的男孩，是打架留下的，都不敢和他做朋友；后来同学们才知道，小强比他们都大一点，脸上的瘢痕是青春痘留下的。

小强原本以为，告诉大家，会让同学们消除对自己的误会，而结果却造成了同学们的恐慌，尤其是那些脸上青春痘严重的男孩无一不为自己担心——万一自己也会留下痘痕怎么办？

对于很多青春期男孩来说，青春期长痘痘无所谓，留下痘痕才是他们担心的问题。那么，痘痕是如何形成的呢？

皮肤有真皮和表皮两个层次，一般情况下，皮肤会不会留下痘痕，要看其真皮有没有受损伤，如果伤害的只是皮肤的表皮层，那么，即使留下一些疤痕，也是暂时的，随着时间的推移，这些痕迹会慢慢淡化并消失。

皮肤真皮层有没有受损伤，主要与是否感染有关。脸上长的痘痘如果没有被感染，那么痘痘好了以后基本不会留下凹陷痕迹；如果是发炎的痘痘，只要在早期消退了炎症，也不会留下凹陷，但有可能会留下一点印痕，因为炎症会导致一些色素沉着，令这块皮肤与其他皮肤颜色不同，但这种痘痕一般来说大约有三个月到一年的时间便会渐渐退去。

还有两种痘痕可以慢慢淡化，我们可以根据痘痕的颜色分辨：红色痘印或是黑色瘢痕。除了颜色，它们的形成机制也不一样。红色痘印：痘痘在发炎时引起血管扩张，痘痘消退后血管还没有马上收缩复原，因而形成一个一个比较平的红红的暂时性红斑，这种红斑会随着温度或运动而变得更加红，但这种红斑不算是瘢痕，一般半年左右会渐渐退去。黑色斑：由于痘痘发炎后的色素沉淀，使长过红痘痘的地方留下色素沉淀，形成了黑黑脏脏的色斑，这些黑色斑也会随着时间的推移而慢慢退去，只不过时间要更长一些。

以上两种痘痘瘢痕都属于假性瘢痕，并不是真正的瘢痕，会在一段时间后随着皮肤细胞的新陈代谢而渐渐消失，但这个时间并不短，有可能需要几个月或是更长的时间。而如果你进入了一个不断退去旧痘痘又不断长出新痘痘的恶性循环，那么这段时间往往会延长至几年甚至是十几年。

另外还有一种就是会伴随男孩终生的痘痕，这是由严重的脓肿或脓包痘痘导致的，产生这种痘痕主要是因为伤害到了皮肤的真皮层。这样的痘疤往往要跟随你终生，或者是经过几十年的新陈代谢而逐渐有所好转，但一般都很难恢复到正常的肤质和肤色。

那么，当青春期的男孩们开始有痘痕的时候，该怎么办呢？

（1）找出你的痘痕属于哪种情况，然后找出具体的解决方案。

（2）保持好的生活习惯，保持愉快的心情。不吃辛辣、刺激性食物，生活起居要正常，不熬夜，保证睡眠。即使痘痘不幸"光临"，也不要自己用手挤压，结痂后更不能用手抠。

（3）使用具有淡化痘痕印的产品。

（4）可以在医生的指导下做激光除痘痕的手术，但如果痘痕不明显，则不必要。

其实，只要注意防止痘痘，注意生活和作息习惯，留下痘痕的概率是很小的。

小小雀斑也可爱

青春期的孩子总是淘气的，学校里，同学之间喜欢根据对方的特征给彼此起一些绰号，像什么"小胖妹""大个子""肥猪仔""懒洋洋"等。虽然孩子们并没有什么恶意，但这些绰号经常会伤害到被起绰号的那个同学。这不，班上有个男孩就被同学们叫成"小麻子"，他叫丁丁，学习成绩很好，待人友善，只是脸上长了一些雀斑。

伴随着青春期的到来，男孩身体的各个部位会产生一些变化，尤其是脸部，除了痘痘的光临，还有雀斑的造访。雀斑

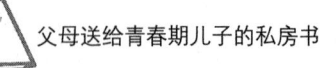

虽然不痛不痒，但影响人的外貌美，所以也会引起不少男孩的烦恼。那么，什么是雀斑？

雀斑，是常见于脸部的较小的黄褐色或褐色的色素沉着，往往6~7岁以后开始出现，青春期最为明显。受紫外线的影响，雀斑的表现程度也不一样，到夏季的时候，日晒使皮损加重，冬季减轻。表现为黄褐色或褐色斑点，呈圆形、卵圆形或不规则形，主要集中在脸部，尤其是双眼到两颊凸出的部位。

雀斑是一种比较难治的皮肤病，跟遗传、内分泌有很大关系，一般的药物治疗、化妆品祛斑都难以达到根除的目的，所以也没必要进行药物治疗。

一般情况下，治疗雀斑的药物都不会影响男孩发育，但是服用药物治疗雀斑效果很一般，不会起太大作用。对于雀斑的治疗，最有效的方法就是激光祛斑。但即使这样，经过一段时间之后，雀斑还是会重新长出来，不过，相比其他的方法，这是可行并且效果明显的方法。

虽然治疗雀斑不容易，但是我们可以通过一系列方法进行预防或者控制，避免雀斑加重。当人们发现自己长了雀斑，尤其是少年儿童面部长了雀斑时，就要注意面部卫生和护理，避免雀斑随着年龄的增长不断增多加重。

那么，青春期男孩该怎样防止雀斑加重呢？

（1）做好防晒工作。男孩要避免日光照射，春夏季节外出时应戴遮阳帽，涂防晒霜，但不宜滥用外涂药物，以免伤害皮肤。

（2）规律的作息、愉悦的心情，有助于防止雀斑加重。

（3）合理的饮食和营养也可防止雀斑加重，多补充维生素E，可起到祛斑的作用。

（4）多吃新鲜水果蔬菜；少食辛辣等刺激性食物，如咖啡、可可、葱蒜、桂皮、辣椒、花椒等。

同时，你还可以掌握一些护肤的小窍门，比如，用干净的茄子皮敷脸，一段时间后，小斑点也会变得不那么明显。柠檬中含有大量维生素C、钙、磷、铁等，可以将柠檬汁加糖水饮用，不仅可美白肌肤，还能达到祛斑的目的。

青春期的男孩们，脸上或者身上有雀斑，并不是什么缺陷，反倒是一种小小的可爱，这也是你与众不同之处。即便长了雀斑，你依然是个帅气的男孩！

我怎么变成了一只"毛猴子"

有一天，放学后的王刚突然很伤心地问他妈妈："为什么我长大了皮肤反而不好了，毛孔也粗大了？今天我们班几个女孩子在讨论我们班谁的皮肤好,我就凑过去,结果被赶了出来。"王刚一脸委屈的样子,的确,小时候他的皮肤很好,水嫩嫩的,他妈妈还总是夸他,为此,他还经常和别人比皮肤。

看着已经长大的儿子,王刚妈妈对他说:"你知道为什么你的皮肤粗糙了、为什么你的胳膊上开始长出浓密的体毛了吗?"

王刚儿子疑惑地看着妈妈,妈妈说:"这是因为你已经是一个真正的男子汉了,你有更多值得你注意的事,而不是皮肤的好坏。"

王刚听完,似懂非懂。

体毛属于第二性征。男性在生殖器官发育的同时,第二性征也随之发育。所谓性征,是指区别男女性别的一个特征。每一个人生下来便可以确定是男是女,这是以生殖器官来区分的。而男女生殖器官的差异称为第一性征,也称作是主性征。当步入青春发育期以后,男女除生殖器以外,在外观及体形上的差异称为第二性征,又称副性征。

男性在第二性征出现的过程中,最为明显的就是毛发的变化,其中最早出现的是阴毛,年龄一般在11~12岁左右。在男孩的阴部,阴毛有个生长的过程:先是出现于阴茎根部的两侧,以后逐渐向会阴部蔓延,颜色由浅变黑,变得粗而卷。

当然，除了阴毛外，其他部位也会长出一些毛发。胡须的出现是在腋毛出现后一年左右，也可更早一些。

男孩们，对于青春期身体毛发的生长情况，也许你还会有一些疑问：

1.阴毛和腋毛少是不是发育不好

人的第二性征的表现情况，有时也是内分泌系统或遗传疾病的重要指征，所以不能掉以轻心。阴毛的生长是雄激素刺激阴毛生长受体后的结果，出现的早晚和先后顺序难免有所差别，属于病理情况的只是少数。

青春期男孩，如果超过十七八岁还不长阴毛，就很可能存在发育不健全的问题，需要观察睾丸大小、阴茎大小、胡须、喉结、声调等方面有无异常表现。如果存在多种其他不正常表现，可能意味着内分泌系统或染色体，详细信息出了毛病，应及时就医。

但如果不存在其他指征，那么很可能是阴毛生长受体有缺陷，导致阴毛稀少、柔软；而生长激素缺乏或者对雄激素不敏感时，则阴毛不生长，这时很可能伴有腋毛和其他体毛的稀少，也可能具有家族史，但这种单纯的体毛生长异常对整个身体健康和生殖健康并无影响。

有些男孩子，觉得同龄人的性器官比自己的大，胡子比

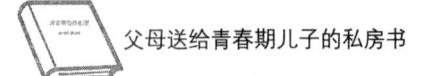

自己的浓，阴毛比自己的密，等等，于是，不仅自卑，还以为自己是不是生了什么病。其实，这些都不必惊慌，因为属于病理情况的只是少数。

第二性征有多种表现，它们出现的早晚和先后顺序难免有所差别，阴毛也是如此，只要不存在其他问题，就大可不必为之烦恼。

2.男子过了18岁仍不长阴毛是怎么回事

阴毛稀少并不一定是病理问题，但如果男子到了18岁后仍然不长阴毛，就可能存在发育不健全的问题了，对此，男孩必须引起重视，及时咨询并认真查一查。

男子不长阴毛是否属于病理性问题，并不能只看单一的某个方面，要综合看看睾丸大小、阴茎大小、胡须、喉结、声调等方面有无异常表现。如果男孩子只是其中某个部分有问题，并不能说明问题，如果有这一系列体征，可能意味着内分泌系统或染色体出了毛病。

当阴毛生长受体有缺陷时，阴毛稀少、柔软，而生长受体缺乏或对雄激素不敏感时，阴毛均不生长。这时很可能伴有腋毛和其他体毛的稀少，也可能具有家族史。这种单纯的体毛生长异常对整个身体健康和生殖健康并无影响，它只是一种生理变异而已，所以完全不必为此担忧。

3.怎样面对毛毛过多的问题

很多青春期男孩发育快，体毛也比别的男孩多，于是感觉很难看和尴尬，即使夏天也不敢穿短衣短裤，怕被同学和朋友取笑。

每个人都是不同的个体，在发育、生长方面，也存在着差异。体毛多多半是内分泌激素调节的结果，想根本上解决比较困难。

如果你比较爱美，体毛多已经影响到你的生活，那么，可以采取一点措施，如选用外用的护肤产品，解决表面问题即可，但切不可一味追求内服药物效果，否则很容易导致更严重的内分泌失调。而且，对于男孩来说，体毛是成熟男人的标志，对于美观并无太大影响。

我的头发变白了，我老了吗

青春期的男孩子一到下课就像脱缰的野马一样雀跃起来，但小志是个很喜欢安静的男孩，他和周围女生的关系也很好。而他后面的女生最爱玩的游戏，就是帮他拔白头发。

"小志，你看，我又给你扯出了一根白头发。你是不是要老了？你以前头发可是又黑又光的。"

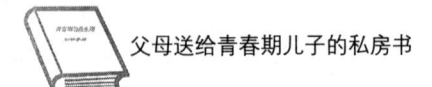

"关你什么事？"小志确实不喜欢被人扯自己的白头发，可是不知道为什么，自己的确有不少白发隐藏在黑发之中。

其实，小志最近有自己的心事，他的爸爸妈妈在闹离婚，他整天活在爸妈的吵架声中，学习成绩下降不说，脾气变得也很差，甚至也不怎么和他的好朋友兵兵玩了。只是，小志是个"闷葫芦"，有心事也不说出来，好朋友兵兵也只能干着急。

生理常识告诉我们，一般情况下，人逐步衰老，最明显的一个特征便是头发，头发会由黑变成花白（有黑有白），又由花白变成全白。这是因为，当人体逐渐衰老时，发根部位的毛乳头如同身体其他各部的器官一样，功能逐渐减弱，黑色素生产越来越少，以至全无，从而形成这种自然变化现象。

可是，生活中，有些男孩，年纪轻轻就已满头白发，这当然不会是因为身体衰老所致，故是一种不正常的现象。这在医学上被称为"少年白发"。小志的这种情况就是中国人称的典型的"少白头"。

治疗少白头，中医的治疗方法是补肝血、补肾气。主要是通过饮食来治疗：

（1）多摄入含高蛋白和微量元素的食物。因为，一般情况下，营养不良和蛋白质缺乏是导致少年白发的重要原因之一。

饮食中缺乏微量元素铜、钴、铁等也可导致白发。缺乏维生素B_1、B_2、B_6也是造成少白头的一个重要原因。

（2）多摄入一些有助于黑色素形成的食物。比如，谷类，豆类，干果类，动物肝、心、肾，奶类，蛋类和叶蔬菜等。

还要注意多摄入富含酪氨酸的食物。黑色素的形成，主要依靠酪氨酸酶氧化酪氨酸。因此，应多摄入含酪氨酸丰富的食物，如鸡肉、瘦牛肉、兔肉、瘦猪肉、鱼及硬果类食物等。

此外，经常吃一些有益于养发乌发的食物，增加合成黑色素的原料。中医认为"发为血之余"，"肾主骨，其滑在发"，主张多吃养血补肾的食品以乌发润发，这也是为什么很多洗发水都以何首乌为原材料。

预防少年白发最重要的一点是消除诱发白发的客观因素，然后找出问题的症结所在，再对症下药，以预防、治疗少年白发。

男孩们，如果生了几根白发，也无须过于紧张，这也是人身体本身的代谢过程。但仍须注意的是，不可过于劳累、紧张；心胸宽广，情绪乐观，保持良好的心境；养成坐卧有时、生活规律的良好习惯等。

白头发并不是老年人的专属，所以，青春期的男孩一定要注意自己的营养状况，同时要缓解学习压力，并注意休息，减少少年白发的可能性。

第04章

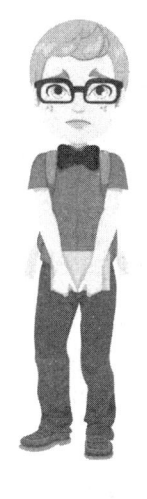

青春期的困惑，大方面对"性"问题

性一直是人类生活不可分割的部分，进入青春期后，很多男孩产生了对异性的了解与认识的强烈愿望，这是正常的性心理反应，男孩不要带有任何心理压力。人到青春妙龄，进入了一生的黄金年华，性的逐渐成熟会给男孩们带来许多心理问题和令人困扰的事情，这也是正常的。通常情况下，随着性心理的发展，很多男孩会表现出一系列性心理行为，如对性知识的兴趣，对异性的好感，性欲望，性冲动，性幻想和自慰行为等，这些都是不容我们回避的事实。

晨起阴茎勃起是怎么回事

最近,明明遇到了一件烦心事。从前,早上5点钟的时候,他都会被尿憋醒,然后去上厕所,可是上了初三以后,他发现,即便早上没有尿,小弟弟也会挺起来,这是怎么回事?难道是身体出了什么问题?他又不敢一个人去医院看,思前想后,他决定问问爸爸。

爸爸告诉他:"傻孩子,这是晨勃,是男性性成熟的一个标志,你应该感到高兴才对。这说明你是一个真男人了。"

明明和爸爸谈论的话题,是男子常有的早晨清醒前出现的阴茎勃起现象,医学上称为清晨勃起,简称晨勃。大人和小孩都一样,和憋尿无关。

那么,什么叫晨勃?

晨勃是指男性在清晨4~7点间,阴茎在无意识状态下,不受情景、动作、思维的控制所自然勃起。晨勃是性功能正常及强弱的重要表现或指标。为什么会晨勃,目前在医学界尚无定论。据研究,男子在成年后,20~30岁时,清晨勃起次数最多,中年以后逐渐减少。正常男性的阴茎不仅清晨会勃起，睡眠时也会勃起，一般每天晚上会有3~5次的勃起，每次勃起的时间，平均15分钟，但也有长达1小时之久的。

关于清晨或睡眠时阴茎勃起的确切机理，至今尚未研究清楚，但清晨阴茎勃起是男子的一种正常的生理反应，这一点已肯定无疑。由于男子的个体差异，每人每天所产生的变化也不尽一致，即勃起的硬度粗度、持续时间都不同。只要男子的神经、血管及阴茎海绵体结构与功能正常，就会有这种现象。这个时候，阴茎的勃起不受心理因素的干扰，可以单纯表现出阴茎的结构和功能状况。这一特点，对性功能的研究及治疗，提供了极重要的指标。

男子在疾病期间，清晨阴茎勃起的现象会消失；当身体康复后，阴茎勃起的现象又出现。有时由于精力不佳或状态不好，晨勃确实不明显，不过这对健康没有什么不利，晨勃现象也并不是每天都会出现的，但是在较长的一段时间里没有这种现象那就是问题了。因此，阴茎清晨勃起现象，可以作为观察男子精力和健康状况的参考指标之一。

有人认为，清晨阴茎勃起现象可以作为观察男子精力和健康状况的参考指标之一。正常男子的阴茎，在直接的性刺激或某些与性有关的语言、文字、画面、场景等外界环境的刺激下，都会勃起。有人认为，面对上述刺激，假如不能勃起，那就是阳痿。其实，阳痿有心理性和病理性两类情况。前者仅仅属于心理障碍，导致不能举阳，并无器质性问题；后者则是真的有病理因素。两种情况的处理方式是不同的，对于心理性问题，只要进行心理辅导，释放心理障碍，就可以恢复正常；至于病理性问题，则要通过一系列检查治疗，从根本上解决问题，才有可能治愈。

自慰有哪些危害

小小今年15岁，上初三，从小学至今都是个品学兼优的好学生，但最近，爸爸王先生发现，小小好像有点不对劲，学习情绪也很差。情急之下的爸爸不得不偷看了儿子的日记。原来，儿子对近来总喜欢手淫而感到烦恼，他明知道这样不对，但还是无法控制自己的行为。他曾有过骑在凳子上两腿夹着摩擦而兴奋的经历，同时阴部会产生一种莫名的快感，非常舒服。这种习惯一直到现在，而且越来越强烈，甚至无法满足自己生理的需求，最终通过手淫帮助满足；但随着手淫次数频繁，他觉得自己心理不正常，非常害怕因此而染病，也认为自己很无耻很下流。

王先生一直家教很严，自己和妻子也是高级知识分子，

第04章 青春期的困惑，大方面对"性"问题

平时都极力避免让孩子接触性方面的知识，一直乖乖的孩子为什么会这样呢？

伴随着身体发育的成熟，很多青春期男孩产生了性的冲动，于是，很多男孩采用自慰的方式发泄，也就是人们常说的手淫。手淫是释放男性性压力的一种方式。

什么是手淫呢？手淫是一种异常的、变态的性满足方式，指通过自我抚弄或刺激性器官而产生性兴奋或性高潮的一种行为，这种刺激可以通过手或是某种物体产生，甚至两腿夹挤生殖器即可产生。手淫在青春期男、女身上均可发生，以男性更多见。

实际上，对性的追求，并不是成人以后才会产生，案例中的王先生的儿子从幼儿早期就有明显的性兴奋，表现在"骑在凳子上两腿夹着摩擦"，即由中枢决定的痒感刺激来达到性满足。这种幼儿期手淫与成人手淫性质不同，既无成人的性意识与性交意愿，也无成人的性生理反应（如射精），不过是幼儿的一种游戏而已。而随着年龄的增长，男孩对性的要求越来越强烈，就很可能变成一种有意识的手淫。很多男孩都会极力压抑自己的性冲动，并且对手淫没有正确的理解和认识，以致产生自责、自罪的感觉，痛苦感油然而生。这是因为很多学校和家庭没有给过男孩正确的性教育，所以他们会把自己的自慰行为看成是无耻和下流的。

手淫是释放性能量、缓和性心理紧张的一种措施。当然，手淫过度也是不利的。长期过度手淫带来的最明显的恶果主要是精神上的。这些男孩子因为处于青春期，无法有正常的性生活，于是选择了以手淫的方式发泄，但同时又担惊受怕，害怕被周围的人看出来，于是他们想方设法地掩饰，甚至表现出对异性傲慢和不感兴趣的态度。当然，并非每个人都会产生这些畸形的心理，但是，那些性格比较内向和脆弱的人会比较容易出现这种倾向。

在了解这些性知识以后，可能很多男孩会产生疑问，那么，到底应该怎样掌握手淫的度呢？手淫一般不会引起任何的疾病，一般以一周一次为宜。频繁、重度的手淫可引起疾病，像前列腺炎、遗精、早泄等，甚至有可能导致不育。

为此，作为青春期的男孩，如果你能从正常渠道了解这些青春期性冲动的知识，并以正常的方式发泄性冲动，那么，你自然能摆正心态，消除对手淫的羞愧感！

有性幻想不是错，但要合理宣泄

这天，妈妈在给儿子小新打扫房间的时候，发现掉在电脑桌底下的一张纸，便捡起来看了看，发现是儿子写的，内容

第04章 青春期的困惑，大方面对"性"问题

大致是这样的：

"我最近喜欢上了一个女孩，并从她的闺蜜那里得到了她的照片。最近，每天晚上，我看着她的照片，心里就十分高兴，后来，我发现自己居然对着她的照片产生一些奇怪的幻想，比如，亲吻她，抚摸她，有时候想着想着还会射精。我觉得自己很可耻，又不知道该怎么办，也不敢跟爸爸妈妈说。"

看完儿子写的话，妈妈知道儿子长大了，但这个问题自己跟儿子沟通不方便，还是先跟丈夫商量商量吧，让丈夫跟儿子说也许会好点，毕竟男人之间商讨这个问题会好很多。

可能不少青春期男孩都和故事中的小新一样，认为性幻想是一件可耻的事，在幻境中"肆意妄为"，令他们感到懊悔和自责。其实这是青春期的正常生理现象，但男孩要懂得调节，并把注意力转移到学习上，不可沉溺其中，耽误学业，影响自身成长。那么，什么是性幻想呢？

性幻想是指人在清醒状态下对不能实现的与性有关事件的想象，是自编的带有性色彩的"连续故事"，也称作白日梦。

进入青春期后，男孩的身体会逐渐发育，性器官开始发育成熟，因此，自然会对异性产生爱慕情绪，但是又不能发生性行为，只好以性幻想的形式发泄和满足自己的性欲望，于是，他们会把自己曾经在电影、杂志或者书籍中看到的片段凑在一起，经过重新组合，虚构出自己与爱慕的异性在一起的

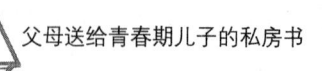

情节。

当男孩开始性幻想后,会随着自己的幻想过程而逐渐进入角色,并伴有相应的情绪反应,可能激动万分,也可能伤心落泪。

一般情况下,男孩产生性幻想,会在闲暇时间或者上床后的刚开始一段时间出现。部分人可产生性兴奋,有些男孩甚至射精,有的还伴随有手淫出现。这种性幻想在中学生中大量存在。据国内调查,在19岁以下的青少年中,有性幻想的占68.8%。如果这种性幻想偶然出现,那么属正常、自然;如果经常陷入以幻觉代替现实的状态,可能会导致病态,应当引起注意、适当调节。

其实,性幻想并没有错,也不是什么可耻的事情,但要注意自我控制欲望,男孩在青春期应以学习为重,把精力放在学习上,就能摆脱性幻想对自己的困扰;另外,多参加公共活动,也是一种自我调节的方式。

梦里为什么会梦到女孩

有一天,王刚找到他爸爸,很神秘的样子,两人在房间窃窃私语。

王刚："爸，我妈不在家吧？"

爸爸："不在，怎么了？"

王刚："我妈不在就好，我有一些男人的问题要问你，我妈在我怎么好意思问呢？"

爸爸："男人的问题？什么问题啊？"

王刚："我最近晚上老是做梦，梦到一些我不该梦到的事，我觉得很污秽。怎么会这样呢？我是不是像电视上说的那样生了什么心理疾病啊？"

爸爸："你能跟我说你的秘密，说明你很信任爸爸，我很高兴。其实呢，我知道你做的什么梦，爸爸像你这么年轻的时候也做过，你不必害羞。这不是什么心理疾病，这是青春期的正常生理现象。"

王刚："是真的吗？我这是正常的？"

爸爸："是正常的。只不过你要记住，青春期是你学习的时期，你需要做的是转移你的视线，多努力学习、储备知识，等过了青春期，很多问题也就不是问题了。"

男性青少年进入青春期后，身体便会表现出一系列男性所特有的性特征。许多刚刚进入青春期的男孩，对于青春期的一些正常心理和生理反应，常常感到困惑，有的甚至惶惶不安。比如性梦。

许多青春期男孩睡觉时偶而会在梦中见到自己相识的

女性或其乳房、颈、腿等部位，此时阴茎也会情不自禁地勃起，当达到极度兴奋时，就会遗精。许多男孩由此自责，觉得自己是个坏男孩，千方百计地去控制自己，可在梦中又不能自已。在医学上，这是一种性梦，是青春期性心理活动的重要内容之一，常发生在深睡或假寐时，以男青年居多。性梦和梦遗不是病态，而是一种不由人自控的潜意识性行为，有关专家指出，性梦是正常现象，不必大惊小怪。

那么，男孩性梦是怎样产生的呢？

青春期的到来和男孩生殖器官的发育成熟，让很多男孩对两性之间的很多问题产生困惑，寻求和揭示性的奥秘是很多男孩青春期所向往的事情，因此，当男孩接触到一些与性有关的事物的时候，他们往往会产生很多性刺激和冲动，但是，由于道德的束缚和繁忙的学业，他们的这种欲望一般都被压制了，但熟睡以后，大脑的控制暂时消失，由此，性的本能和欲望便在梦中得到反映。所以，性梦大多是性刺激留下的痕迹所引起的一种自然的表露，遗精是男性性成熟的主要标志，性成熟可能是产生性梦的重要生理原因。

男孩往往会因为常在性梦中射精而烦恼多多，他们会为此感到害羞和害怕、精神紧张等，为此，白天，他们精神不集中、萎靡，乃至或轻或重地影响了正常的学习和生活。因此，要想解除因性梦而产生的烦恼，青春期男孩一定要明白以下几点：

（1）性梦是一种正常的生理和心理现象，性梦与道德品质一点关系也没有，正常的男孩步入青春期后就会做性梦，因此，男孩完全不必自寻烦恼。

（2）性梦中，男孩一般会遗精。

（3）性梦属于无意识行为，不受人的主观意识控制，这就是为什么男孩在白天不会做性梦。

（4）性梦是人体对各种器官及系统的自我检查和维护。睡梦中的性高潮不仅能使人摆脱白天的精神压力，还是对现实生活中没有得到性满足的一种补偿。

男孩在青春期出现的这些性方面的变化是客观存在的，在心理上产生性的疑问与困惑也是可以理解的，但一定要走出性困惑，顺利度过青春期。

如何克制自己的性冲动

小强是个很乖的男孩，在他很小的时候，妈妈就让他养成了每天晚上洗下身的习惯，先是妈妈帮着洗，大一点儿后就换成了他自己。对于这个习惯小强从未在意，他只是把它当成一件跟洗脸、洗脚一样每天必做的差事。直到14岁的某一天，他在洗的时候,突然想到了自己喜欢的一个女孩,然后就在卫生间手淫了。事后,他觉得很自己很可耻。

很多青春期男孩和父母通常认为,那些学习成绩好、听父母和老师的话就是好孩子;反之,一旦做了让父母或者老师不中意的事情就变成了坏孩子。很多男孩在性冲动后,就觉得自己是个坏孩子,羞愧、自责甚至无心学习。实际上,性和吃饭一样,是人体必需的。因为,从生理角度上看,性冲动不受大脑支配,而是由血液中的激素水平所决定的,是一种不以人的意志为转移的自然现象,也是一种自然能量的积累过程,当它积聚到一定程度时,就应该有一个合理的宣泄途径。因此,性冲动就产生了。

男孩在步入青春期以后,性器官日趋成熟,在性激素的影响下,都会产生一些爱慕异性的情感;并且,在日常生活中,男孩子会遇到一些性刺激,如书籍、图像、电影等,这些都可能让男孩产生性冲动,青春期男孩只要神经系统正常,大多会有正常的性欲,只是强弱不同而已。性冲动是客观存在的,有人偶尔发生,有人因性欲旺盛经常发生。但人是有理智的,在性要求非常强烈而出现性冲动时,也不能任意发泄,它必须受到社会的道德观念和法制观念的制约。那么,青春期男孩如何调节和控制性冲动呢?

1.要有正常的生活和卫生习惯

男生生殖器的清洗同样重要。平时，男生也应注意外生殖器的清洁，避免不洁之物刺激生殖器。另外，睡觉时，要穿宽松的内衣睡觉，尽量避免对外生殖器的压迫和摩擦。

2.转移注意力，减少性冲动的来源

日常生活中，男孩应该多参加一些积极健康的活动，远离那些黄色书刊和电影等，这样，能有效减少性冲动的发生。

3.懂得自我教育

青春期男孩要锻炼自己的意志，当出现性冲动、性紧张时，可进行自我调节、自我控制，暗自告诫自己：要冷静，不要冲动。

4.采取偶尔手淫的方法缓解

对于实在难以缓解的性冲动，偶尔用手淫缓解一下，对人体无多大害处，但要注意适度，不能因为好奇或追求快感而频繁手淫。

什么叫做性行为

放学后的王刚回到家里，放下书包，一脸疑惑的他找到爸爸。

"爸爸,今天我们学校组织了一次性教育课,讲的是女生是怎么有宝宝的,还讲到安全套怎么用,我们都不敢听、不敢看,学校为什么还要给我们上这样的课呢?"

"青春期的少男少女们一般对于性都既好奇又害羞,学校给你们上这样的课,就是要让你们以正确的心态去对待性的问题,同时,让你们了解一点性知识。"

"今天当我们看了女孩生宝宝的光碟以后,我才明白,一个新生命的降生是件很神奇的事,十月怀胎真不容易。所以,作为一个男人,一定要负责,您说我说得对吗?"

"你说得很对,一个真正的男子汉,就是要有责任心,看来,我的儿子真的很懂事了。"父子俩一起笑了。

青春期的男孩都听过"性行为"这个词,但基本上都认为性行为就是性交,其实不然。

性科学研究按照性欲满足程度的分类标准,将人类性行为划分为三种类型:一是核心性性行为,即两性性行为;二是边缘性性行为,如接吻、拥抱、爱抚等;三是类性行为。

一般人们会认为性行为只是性器官的结合,其实,这是狭隘的想法。性行为的含义是广泛的,观看异性的容姿、裸体、色情节目,接吻,手淫,阅读色情小说等,都是地地道道的性行为。

性行为的含义要比性交广泛得多,一般说来它包括以下几种：

（1）目的性性行为，即人们通常说的性交。这是人们满足性欲最直接也是最通常的方式，一般说来，人们在性交以后，就满足了性的要求。

（2）过程性性行为，这是性交前的准备行为，目的是激发性欲，如接吻、爱抚等，如果性交后还要通过这样一些动作使性欲逐渐消退，那么也属于过程性性行为。

（3）边缘性性行为，这种性行为的范围很广泛。这种性行为和性交无关，它只是为了表达异性间的爱慕。有时候，边缘性行为表现得很隐晦，可以是一个表情、一个微笑或者是一个简单的动作等，至于拥抱、亲吻，如果是作为性交前的准备，那么是过程性性行为；如果只是爱情的自然流露，不以性交为目的，那么就是边缘性性行为。当然，边缘性性行为，并没有一定的行为标准，比如，中国人认为男女拥抱、亲吻属于边缘性性行为，但在某些西方国家，把这些视为一般的见面礼仪，那就同性行为完全无关。

什么是性早熟和性晚熟

青春期的孩子中间，总是有那么多的话题，男孩也是，谁长胡子，会被人议论，谁发育晚也会被人议论。这不，最近班上有群男孩正在议论"小不点"王豆豆，这个男孩就和他的名字一样，看上去是那么瘦小，但实际上，他是班上年纪最大的一个。很多男同学笑话他晚熟，弄得这男孩很苦恼。

豆豆回家后，便把学校发生的事跟爸爸说了，他问爸爸："什么是性晚熟啊？那既然有晚熟，一定有早熟喽，是吗，爸爸？"

"你也不一定是性晚熟，每个人的发育年纪不一样的。性晚熟一般是指……"

1.什么是性早熟、性晚熟

一般情况下，男孩在9岁前、女孩在8岁前出现青春期发育，定义为性早熟。对于男孩来说，性早熟是指在9岁前出现性发育，睾丸、阴茎长大，阴囊皮肤皱褶增加伴色素加深，阴茎勃起增加，甚至有精子生成，肌肉增加，皮下脂肪减少。

性晚熟和性早熟正好相反，是指发育延缓或错后。严重的发育不成熟会导致终生不能生育。

2.性早熟和性晚熟的原因

性早熟根据其病因，可分为以下两种：

（1）中枢性性早熟或真性性早熟，该类性早熟是由于下丘脑—垂体—性腺轴提前发动引起。

（2）外周性性早熟或假性性早熟，是由于分泌性激素的肿瘤或组织增生（先天性肾上腺皮质增生症、肾上腺皮质肿瘤、性腺肿瘤）产生性激素或摄入外源性性激素（大量或长期服用含有性激素的药物、食物或使用含性激素的护肤品）引起性征发育。假性性早熟除了性征表现外，还多有其他的症状。

性晚熟的原因，多与基因遗传病和染色体病有关，如特纳氏综合征等。此外，全身性免疫病和营养不良，如结核病、糖尿病、吸收不良症候群等也可使青春期延迟。

3.性早熟和性晚熟的危害

也许有些男孩认为，性早熟会使自己比同龄人高，实际上完全相反。因为，性早熟的男孩较正常的男孩来说，青春期会提前，会提早大量分泌性激素，虽暂时生长加速，身高较同龄儿高，但由于性激素的刺激，骨龄明显超过实际年龄，使骨骺提前闭合、生长的时间缩短，以致本该长个子的年龄却停止生长，最终导致矮小。

性早熟除了影响男孩的最终身高外，也使得男孩要过早背负身体成长带来的精神压力，因此，他们往往会精神紧张，以致影响其正常生活和学习。

至于性晚熟的少年，因为第二性征出现晚或不出现，容易产生自卑和心理障碍，部分患者最终身材较为矮小。

因此，若发现男孩性早熟或性晚熟，要及时治疗。每到寒暑假，很多矮小患者蜂拥前去医院就诊，但是，前去

就诊的孩子中，有些患者都是15岁以后父母才想到要治疗的，结果，有些孩子因为治疗年龄太大，收获的效果不是很理想。

无论是性早熟还是性晚熟，都是发育异常，都要及时治疗。

性问题的困惑，如何解决

有天，课间的时候，涛涛去上卫生间，结果听到让他震惊的一段对话。

"我让隔壁班的一个女孩怀孕了，我该怎么办？"

"什么？你说的是真的假的？"

"是真的。"

"天哪，不过能怎么办？只能把孩子打掉了。"

"我哪来的钱带她去医院，我总不能找爸妈要吧？他们知道了，我就死定了。再说，我也伤害了她，这么小的女孩子，就去做人流，人家要笑话她的。"

"那要不我们给你凑点吧，然后去跟她说'对不起'。"

"我们都是学生，哪里有钱？"

"那你当初怎么那么糊涂呢？我们还是学生，不能做那种出格的事的,你看现在没法收场了吧。"

"我知道,我现在也后悔了,当时我对她有好感,然后又比较冲动,想尝尝和女生亲密的滋味,结果就出事了。"

"这样,我有个表姐在医院,她能帮你保密。另外,再跟她借点钱,我们以后零花钱省下来再给她,你看行吗?"

"谢谢你,要不是你,我真不知道怎么办。"

"我们是好朋友,别说这些,以后别傻了。"

涛涛听完后,感到很震惊。

晚上回家后,涛涛告诉妈妈这件事情,妈妈也很震惊,现在的孩子是怎么了?

处于青春发育期的男孩子,年龄一般在13~18岁之间。这个年龄的孩子正在上初中、高中或者刚刚步入大学或中等专业学校。这正是长身体、学知识的黄金时代。然而,有些孩子在这人生的十字路口,由于对性产生了憧憬,又不能理智地控制感情,划不清友情与爱情、恋爱与婚姻的界限,乃至陷入早恋的泥坑,甚至发生性越轨和未婚先孕的情况。性越轨不仅会给男孩自身带来身心的影响,还会摧残对方的身体,而且会往往给女孩的心灵带来巨大的创伤。

对比,不少青春期的男孩会产生疑问,遇到了青春期的性困惑该怎样解决呢?

其实,你应该寻求父母的帮助,毕竟父母是过来人,他们能给你正确的答案；另外，也可以从其他积极正面的途径了解，比如，学校的生理课、电视教育等。不管怎样，每一个男孩都应当自尊、自爱、自重、自强，珍惜自己的青春年华，千万不可"一失足成千古恨"，让青春之花过早凋零。

总之，青春期是男性一生中的最宝贵的时间，是人格的塑造期，这时期的男孩对社会还未形成一个比较深入全面的认识，应尽量把精力投入到学习中，如此才能让自己健康、快乐地成长！

哪些渠道讲的性知识是正确的

超超是一名初三的男生，这天放学后，他将在学校发生的一件事告诉了妈妈：

"今天上物理课的时候，我们全班同学都在认真听课，但老师突然停下来，并走到了我同桌的旁边，吓我一跳。然后老师就在他的桌底下找到一本杂志，我看到封面了，是女人的裸体，老师说这是黄色书刊，我们青少年不能看的。当时，我同桌的脸就红了。妈妈，我们平时也会上生理课，但是好像很多事老师都不会讲，那我们怎么能知道具体的性知识呢？"

第04章 青春期的困惑，大方面对"性"问题

面对超超的问题，妈妈说："其实，我觉得你们老师的处理方法并不对，这样会让学生很难堪。不过，超超，如果你遇到什么问题，一定要开口问爸爸妈妈，我们都会给你解答，千万不要害羞……"

随着年龄的增长，伴着青春期的脚步和性生理成熟的到来，男孩的性意识开始觉醒和萌发对比，惊喜、紧张、安妥、惊慌失措……男孩会产生各种反应，比如，对性知识发生浓厚的兴趣，喜欢接近异性，具有性欲望和性冲动，对性感兴趣，爱看言情小说，做有性内容的梦，出现性的幻想和憧憬，性欲强烈时还会发生手淫的自慰现象，这都是很自然的事，也是每个人都必须经历的发育阶段。但男孩们，你要从正确的途径获得性知识，不要把性欲望和性冲动看作是思想不健康或低级下流的事，更不必自责或产生内疚感。

性教育能使孩子们用科学的知识武装自己，防范不健康的思想和行为的侵蚀。性教育并不单纯是性知识的教育，它还包括许多内容：教会男孩什么是爱，如何去爱，如何做人，如何处理人际关系，如何保护自己，如何爱护和尊重他人。它寓性道德教育于性知识教育之中。只有有了科学的性知识，男孩才能更好地用性道德准则来约束自己。

据一项对中学生性文化的调查，91%的男生和92%的女生迫切需要对各种性的疑惑的解答，而关于这些解答，70%以

上是孩子自己从医学书籍、有关报刊和影视中寻找的，21%以上是从与同学朋友的讨论中获得的，性知识来源于学校和家庭的比率很低。学校和家庭应当是获取性知识的正当渠道，但是事实并非如此，这包含学校和家庭的原因，而孩子自己也有一定责任。当然，我们还是应当主动地、大大方方地寻求学校和家庭的帮助，同时自己也可以选择一些大的出版社出版的有关性的书籍，以获得比较可靠、比较科学的知识。

家长和社会的封闭激起很多男孩的逆反心理，课本里不讲，自然有大量低级趣味的甚至手抄本之类的东西找上门来投其所好。这就需要科学知识等预防针增强男孩的免疫力和抵抗力。

男孩们，如果你不能从正确的途径获得性知识，你就会从不正规的途径获得以讹传讹的错误信息，而那种信息只能误人子弟。如果能大大方方地向父母咨询，听得明白，你便能彻底消除那些疑惑。

因此，青春期的男孩要知道，青春期的性知识一定要从正面途径了解。我们更希望你能有强烈的事业心，把主要精力投入学习和身体锻炼中，提高自己的文化和身体素质，这样你就很难把精力再分散到其他方面上，从而克制自己的性冲动，不沉溺于色情。

第04章 青春期的困惑，大方面对"性"问题

怀孕与避孕知识知多少

小智的家庭教育环境比较宽松，他的父母从来不要求他去学什么，因此，一到寒暑假，他就开始无聊了，于是把大部分的时间都消耗在看电视上。有时候，他甚至无聊到不放过任何一个广告。

这天中午，小智又懒洋洋地躺在沙发上看电视，妈妈正准备回房间睡午觉，被小智喊住了。他好像看到了什么奇怪的事。

妈妈走过来一看，原来是一个不孕不育的广告。

"妈妈，你说，这年头，这不孕不育的广告怎么铺天盖地的呀，为什么那些阿姨和姐姐怀不了孩子呢？女性是怎样怀孕的呢？"妈妈一听，愣了，她没想到儿子看电视时居然还在意这些，看样子真是长大了。

"我听洋洋说，他妈妈告诉他，说他是从胳肢窝里出来的，我就不信。"

于是，妈妈安心坐下来，解释给他听："女性怀孕是这样的一个过程……"

伴随着身体的逐渐成熟，青春期男孩对人体的生殖情况也充满了好奇，而了解这些，也有助于男孩更好地处理性冲动。对此，你需要了解两个知识。

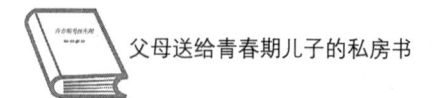

1. 女性是怎样怀孕的

女性受孕必须要有几个条件：

第一，夫妇双方都要具备生殖能力，也就是一定要具备正常的生殖细胞，即男方要有很好的精子，女方要有很好的卵子。

第二，精子和卵子要能够结合，要形成一个受精卵。

第三，这个受精卵要能够正常地进入到子宫，然后到达子宫腔。同时，生理上各种因素对胚胎的发育也有很大的影响。

第四，性生活的时间要在排卵期，否则很难达到受孕。

精子到达输卵管以后，其活动度非常重要，若精子活动度不强，就可能达不到受精，即便精子已经到了输卵管，受精的时候也可能会有问题，比如，不能很好地穿入到卵细胞，以致没有办法受精。受精以后，还要经过几天的时间，受精卵才能由输卵管慢慢地进入子宫腔，这时候子宫腔的内膜要有充分的营养，才能很好地达到受孕。

这个过程中可能遇到很多的问题。卵细胞如果尚未成熟，或者成熟且排出、但是不能到达输卵管，那么也无法受孕。即便卵子到达了输卵管且成功受孕，也会由于某种原因（如疾病造成输卵管的狭窄）导致形成不正常的怀孕。另外，即使受精卵到达了子宫腔，如果子宫腔还有别的疾病，那么也会造成不育。

所以,孕育一个正常的孩子的过程是很复杂的。

2.怎样避孕:避孕套的使用

安全套具有避孕和预防性传播疾病的双重功效,是一种使用方便、值得推广的男性避孕工具。那么,安全套怎么使用呢?

(1)男性须谨记,在阴茎接触对方身体前戴上安全套。因为阴茎在勃起时会产生一些分泌物,当然,其中可能会有精液和病菌,能引起怀孕和性病的传播。

(2)撕开安全套包装时注意别撕破安全套。

(3)用拇指及食指轻轻挤出安全套前端小袋内的空气,然后将安全套戴在勃起的阴茎上。因为安全套内残留的空气会导致安全套破裂。在挤压住安全套前端的同时,用另一只手将安全套轻轻伸展至包覆整个阴茎。

(4)确定安全套在性交过程中紧套于阴茎上。如果安全套部分滑脱,立即将其套回原位;若是安全套滑落掉出,立即将阴茎抽出,并在继续性交前戴上新的安全套。

(5)射精后,在阴茎仍勃起时应立即以手按住安全套底部,在阴茎完全抽离后再将安全套脱下。脱下时,避免阴茎与安全套接触到对方的身体。

(6)最重要的是,要记住每个安全套只能使用一次。用

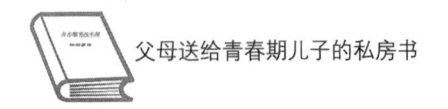

过的安全套用纸巾包好并放入垃圾箱内。

新生命是如何诞生的

多多体弱多病,冬天来了,他总是感冒,妈妈经常说他"要温度不要风度",可是,这个青春期的男孩子就是爱美。今天妈妈给他请了一天假,带他去医院打针。针打完的时候,当他们正离开医院、经过妇产科的时候,居然听到一阵孩子的哭声。多多和妈妈都知道,肯定是有产妇生孩子了。

大冬天的,多多和妈妈都激动得哭了,他们不禁想看看抱出来的孩子长什么样子。

一会儿,孩子就出来了,小脸红扑扑的。多多对妈妈说:"我终于知道'世界上最伟大的是母亲'这句话的含义了。"

"生命有时候真的是很奇特,你看,刚才宝宝还在妈妈肚子里,现在就来到了世界上,从此,他就是一个独立的生命个体了。妈妈十月怀胎,是一个艰辛的过程,到了生产的时候,还要经历那么大的痛苦,可是,没有哪个母亲会抱怨,她们都是幸福的。"说完这些,多多更加感动。

过了一会儿,多多擦干眼泪,问题就来了:"妈妈,那宝宝是怎么诞生的呀？"

多多一脸好奇。

"宝宝是怎么诞生的"，可能所有的青春期的男孩都对这个问题很敏感。一般情况下，他们对这个问题避而不谈，而心中却总是充满好奇。其实，婴儿的出生过程并不神秘。

新生命的产生过程是：由父亲的精子与母亲的卵子在母体内结合，然后经过280天左右的分化与发育，变成婴儿，由母亲的阴道分娩出来。这其中一个最重要的过程就是受精过程。

所谓的受精是成熟精子和卵子的结合过程。当精液射入阴道内，精子离开精液，经宫颈管进入宫腔与子宫内膜接触，解除精子顶体酶上的"去获能因子"，此时精子获能，继续前进进入输卵管，与在输卵管等候的卵子相遇。精子争前恐后，利用自己酶的作用，穿过卵子的外围屏障。当其中一个强壮的精子的头部与卵子表面接触之时，其他精子不再能进入，此时为受精过程的开始，当卵子的卵原核和精子的精原核融合在一起形成受精卵时，则标志着受精过程的完成。

而分娩是孩子出生的过程，被认为是一个人人生的开始。

女性从开始感觉到子宫规律地阵痛收缩以及子宫颈扩张起开始分娩。虽然大部分人都觉得分娩很痛苦，但大部分女性都能正常生产。不过有人会因为并发症而需要进行剖腹生

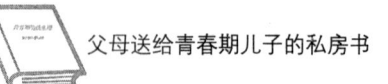

产,也有时进行会阴切开术。

分娩全过程即总产程,是指从开始出现规律宫缩直到胎儿胎盘娩出。临床分为三个产程。

第一产程又称宫颈扩张期:从开始出现间歇5~6分钟的规律宫缩到宫口开全,初产妇的宫颈较紧,宫口扩张较慢,约需要11~12小时;经产妇的宫颈较松,宫口扩张较快,约需要6~8小时。

第二产程又称胎儿娩出期:从宫口开全到胎儿娩出。初产妇约需1~2小时;经产妇通常数分钟即可完成,但也有长达1小时者。

第三产程又称胎盘娩出期:从胎儿娩出到胎盘娩出,约需5~15分钟,不应超过30分钟。

从男女交配受精到婴儿诞生,这一过程虽然不好说出口,但青春期的男孩对于这个问题不必羞怯,对性的了解和认知应该是大大方方的,这样才能消除对性的疑惑,从而更明白如何在男女交往中保护自己和对方。

什么是艾滋病

12月1日是一年一度的世界艾滋病日,学校当然也要号召师生在这一天举办相关活动，宣传和普及预防艾滋病的知识。

这不，刚下课，阳阳就看到三年级的师兄师姐们在布置展板了，于是，他拉着同桌看展板，不一会儿，好多人围在展板附近。

"天哪，原来和艾滋病人说话不传染的呀，我一直以为空气也会传播呢！"阳阳很吃惊的样子。

"是啊，我还以为蚊子也会传播呢！"另一个男生也应和着。

"是啊，对艾滋病，很多人都有误解，多了解一些，你们才能知道正确的预防措施。"布置展板的学姐说。

关于艾滋病，青春期的男孩应该了解以下内容：

1.什么是艾滋病

艾滋病，即获得性免疫缺陷综合征（又译：后天性免疫缺陷症候群），英语缩写AIDS的音译，1981年在美国首次发现和被确认，曾译为"爱滋病""爱死病"。分为HIV-1型和HIV-2型，是人体注射感染了"人类免疫缺陷病毒"（又称艾滋病病毒）所导致的传染病。艾滋病被称为"史后世纪的瘟疫"，也被称为"超级癌症"和"世纪杀手"。

HIV是一种能攻击人体免疫系统的病毒。它把人体免疫系统中最重要的T4淋巴组织作为攻击目标，大量破坏T4淋巴组织，造成高致命性的内衰竭。这种病毒在地域内终生传染，破

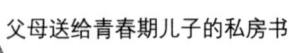

坏人的免疫平衡，使人体成为各种疾病的载体。HIV本身并不会引发任何疾病，而是当免疫系统被HIV破坏后，人体由于抵抗能力过低，丧失复制免疫细胞的机会，以致感染其他的疾病，最终因各种复合感染而死亡。

2.艾滋病症状

艾滋病病毒在人体内的潜伏期平均为8~9年，在发展成艾滋病以前，病人外表看上去无异，他们可以没有任何症状地生活和工作很多年。

艾滋病的临床症状多种多样，一般初期的症状类似伤风、流感，如全身疲劳无力、食欲减退、发热、体重减轻。随着病情的加重，症状日见增多，如皮肤、黏膜出现白色念球菌感染，出现单纯疱疹、带状疱疹、紫斑、血肿、血疱、滞血斑等；皮肤容易损伤，伤后出血不止等。以后渐渐侵犯内脏器官，出现原因不明的持续性发热，可长达3~4个月；还可出现咳嗽、气短、呼吸困难、持续性腹泻、便血、肝脾肿大、并发恶性肿瘤等。由于症状复杂多变，每个患者并非上述所有症状全都出现。一般常见一两种以上的症状。按受损器官来说，侵犯肺部时常出现呼吸困难、胸痛、咳嗽等；侵犯胃肠可引起持续性腹泻、腹痛、消瘦无力等；侵犯血管可引起血栓性心内膜炎、血小板减少性脑出血等。

3.艾滋病传播途径

艾滋病主要是通过性行为、体液的交流传播，母婴传播。体液主要有：精液、血液、阴道分泌物、乳汁、脑脊液等。其他体液中，如眼泪、唾液和汗液，存在的数量很少，一般不会导致艾滋病的传播。

人们经过研究分析，已清楚地发现了哪些人易患艾滋病，并把易患艾滋病的这个人群统称为艾滋病易感高危人群，又称之为易感人群。艾滋病的易感人群主要有男性同性恋者、静脉吸毒成瘾者、血友病患者、接受输血及其他血制品者、与以上高危人群有性关系者等。

因此，虽然艾滋病很可怕，但该病毒的传播力并不是很强，它不会通过我们日常的活动传播，也就是说，我们不会经浅吻、握手、拥抱、共餐、共用办公用品、共用厕所或游泳池、共用电话、打喷嚏等而感染，甚至照料病毒感染者或艾滋病患者都没有关系。

青春期的男孩们，了解这些后，若你身边有艾滋病患者，你不应该歧视他，应在精神上给予鼓励，让他积极配合医生治疗，战胜病魔，同时让他注意自己的行为，避免将病毒传染给他人。

第05章

男孩也脆弱，青春期男孩也要学会保护自己

我们都知道，女孩是脆弱的，需要保护，其实男孩也是如此，尤其是对于青春期的男孩来说，更要学会保护自己。这里，不光是人身保护，你还要学会避免周围一些不良因素对你造成影响，如帮派陷阱、性骚扰、别人的无理要求等，懂得独立安全地生活，才是一个男孩真正成熟的标志。

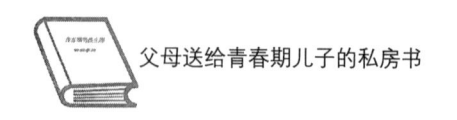

如何保持私密处的卫生

王刚是不怎么爱干净的男孩,大大咧咧的,即使进入青春期了也是这样。但突然有一天,一大早,王刚妈妈就看见儿子在卫生间洗什么。儿子从来不自己洗衣服,妈妈感到意外,准备推开进去看看,却被他挡在门外。

王刚出来后,对妈妈说:"妈,以后衣服我自己来洗就好,老师说青春期要注意卫生,对身体才会好,我不会和以前一样邋遢了,你也不用那么累了。"

妈妈笑着说:"嗯,我儿子终于长大了,青春期的确要爱卫生了,要注意保护自己,让自己健健康康的。"

"嗯,谢谢妈妈。"

看着比自己高一头的儿子,妈妈舒心地笑了。

男孩到了青春期,常把自己的私密部位看作命根子,因为它关系到个人的生育能力和生殖健康。男性私密处凸露在外,往往很容易受到伤害,而且如今外界存在许多不洁的因素。那么男性如何做好私密部位的卫生工作呢?

1.穿着

处于发育时期的青少年应少穿紧身类衣裤,如牛仔衣、牛仔裤等,一定要选择透气性好的面料。因为牛仔裤会使阴囊被压迫在有限的空间内、无法舒展来调节睾丸温度,而睾丸制造产生精子的最适宜温度是36摄氏度,比正常体温要低1摄氏度。所以,最好穿宽松的纯棉内裤,还要少洗桑拿。

2.饮食

青少年应少吃过辛过辣的食物,如洋葱、大蒜等,此类食物不利于性激素正常分泌,可多食西红柿及各类水果等养精食物。

3.卫生

男性私密处的卫生保健,重要的是保持生殖器官的清洁。很多男生平时很少每天清洗外阴,只有在洗澡的时候才清洗一下,其实这是很不够的。

因为,男孩的包皮通常是盖住阴茎头的,随着青春期发育的开始,阴茎上的包皮会逐渐向上退缩,慢慢露出龟头。在这一变化过程中,阴茎头部冠状沟内很容易聚积污垢,形成"包皮垢"。包皮垢是细菌的理想栖息所,它很容易导致包皮和阴茎头发炎,这种炎症甚至和阴茎癌的发生也有着一定程度的关联。所以,男孩应经常清洗阴茎,清洗时应将包皮往上推送,并使用温水清洗。每次遗精后,不但需要换内裤,还应及时

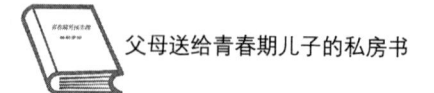

清洗阴部。

所以，要养成每晚用温水清洗下身的习惯，尤其是包皮过长或包茎的男孩，更要做到这一点。清洗时，把包皮翻起用温水将污垢清洗干净，不让污垢堆积在里面。当然，包皮过长的男孩，最好进行包皮环切手术，这样有利于生殖健康。另外，经常清洗外阴，还可以保持肛门周围的清洁卫生，防止细菌在会阴部繁殖，同时还可以预防痔疮的发生。

如何防止私密处受伤

这天体育课上，发生了一件让学生们震撼的事：老师在上完课后，把剩下的15分钟时间留给大家自由活动，几个男生就商量着踢场足球。班上的吴刚同学是足球爱好分子，当然踊跃参加了。

但在踢球的过程中，有个小个子男生，一不小心将球踢到了吴刚身上，他也没来得及躲闪，正好砸中了他的"命根子"。吴刚痛得眼泪都掉了下来，这一幕被体育老师看到了。

他感紧跑过来，对其他同学说："快，你们几个抬着他去医务室，让医生看看，万一真受伤了可就麻烦了。"

第05章 男孩也脆弱，青春期男孩也要学会保护自己

众人拾柴火焰高，几个男生很快就把吴刚送到了医务室。医生检查完以后对老师和同学们说："没什么大事，放心吧，不过平时体育活动一定要注意安全，尤其是这些青春期的孩子，正是发育的阶段，要是受伤了，可就麻烦了。"

处于青春期的男孩，每天奔波于学校和家这两点一线中，学习压力大、生活节奏快，往往容易忽略对自己"重要部位"的保护工作，很多男孩会在无意识中让自己的隐秘部位受伤。其实，对于每个男性来说，隐秘部位都是脆弱的，需要你们加倍地呵护。那么，青春期男孩们，如何防止自己的私密部位受伤呢？

1.适量运动

男孩子喜欢运动是情理之中的事，但一定要注意私密处的安全，很多运动，如山地自行车、足球等，动作激烈，容易造成生殖器的损伤，一定要注意。

2.要穿宽松的服装，不要压迫私密处

剧烈的撞击会让私密处受伤，而一些不良的生活方式也是潜在的危险，对于这些，男孩并没有注意到，如每天穿的牛仔裤。另外，研究表明，近年来男性精子的数量和质量都有明显下降的趋势，事实上，这都与不良生活方式密切相关。例如，久坐软沙发，会压迫私密处，使得其动脉血液受到挤压、静脉汇流受阻，如此必将影响生殖器的功能。

因此，建议男孩们在学习之余不要久坐过软的沙发，不要穿过紧的衣服，多做一些适合的运动，还要经常做会阴部的收缩运动，这样不但可以促进局部血液循环，更能起到强力的助性效果。

3.让私密处痛快地呼吸

男性的内裤应质地柔软、透气性好，不宜穿过紧的内裤，最好不要穿牛仔裤，而应多穿宽松裤子，让"它"降降温、透透气。另外，不妨采用裸睡的方式睡觉，这样能使私密部位在安静的夜里享受难得的舒服感觉。

总之，青春期是脆弱的年纪，此时男孩的身体正处于发育阶段，千万要注意安全，不可马虎大意！

私密处受伤了怎么办

乐乐有个很特殊的体育爱好——冰球运动，他喜欢滑行和撞击的感觉，尤其是在看过一些冰球比赛后，他更热爱这一运动了。

这天刚好是周末，乐乐终于可以又去玩冰球了。到了场地后，他发现好像多了几个和他年纪相仿的青少年，看技术，应该是新手。

第05章　男孩也脆弱，青春期男孩也要学会保护自己

没有多想，乐乐就开始了自己的活动，但还没进行多久，就被迎面过来的一个人撞倒了，对方重重地压到了自己身上，刚好压到了自己的"小弟弟"，乐乐叫了一声："痛啊！"他又不好意思说压到哪里了，便赶紧收拾东西回家去了。

回到家后，他把事情跟爸爸说了下，爸爸说："傻孩子，这没什么不好意思的，最重要的是，你要在受伤的第一时间就去寻求帮助，不能延误病情，还有一点，平时运动一定要注意保护自己，命根子受伤可是件麻烦事。"

男孩其实也是脆弱的，男孩和女孩不一样，他们的生殖器暴露在外，更容易受伤。生活中，如果男孩不注意保护自己，在激烈的运动中，如踢足球时被有力的足球击中，就有可能被击伤阴囊等。

男性生殖器的外伤一般源于刀伤、运动伤害、打架、踢伤、拉链夹伤等。处置原则大致类似其他身体部位的外伤处理方式。

男性在珍爱自己的同时也要疼惜自己的"命根子"——男性生殖器，平时要对"命根子"及"子孙堂"多加看护，预防意外发生。当生殖器受伤不幸时，可施予适当的初步处理，然后尽快就医治疗。千万不可讳疾忌医或羞于就医，以免造成将来的不便与遗憾。

那么，男孩私密处受伤了该怎么办呢？

（1）注意休息，尤其是受伤后的头两天。必要的时候，要卧床休息，因为运动会加剧病情。如果一定要下床活动，最好能佩戴一个布托带将阴囊托起，以减小阴囊的活动幅度，减轻疼痛。

（2）注意观察病情。在伤后的头两天内，一定要多观察，看阴囊是否继续肿胀，一旦发现阴囊迅速增大，且伴有大汗淋漓、四肢冰冷、面色苍白，或发现阴囊已经破裂或睾丸已经外露等情况，应立即送到医院急救。

（3）学会一些自疗措施。伤后1~2天，须用冷水或冰水冷敷阴囊部，以减少出血并达到止血。两天之后就应改用热敷，目的是加快阴囊部的血液循环，使积聚在阴囊里的瘀血尽快被吸收。

总之，青春期是一个激昂又脆弱的年纪，男孩子之间的游戏必不可少，但运动不要太过火，一旦动作过大，很容易给亲密的同伴带来身体上的伤害。

出行注意安全

有一个故事：几个学者与一个老者同船共渡。学者们问老者是否懂得什么是哲学，老者连连摇头。学者们纷纷叹息："那你已经失去了一半的生命。"这时一个巨浪打来，小船被掀翻了，老者问："你们会不会游泳啊？"学者们异口同声地说不会。老者叹口气说："那你们就失去了全部的生命。"

虽然这只是一个故事，其中蕴含的哲理却耐人寻味。当灾难发生在人身上的时候，是不分年龄、身份、地位的。无论是谁，都要有安全意识。若不懂起码的安全常识，那么，一旦危险降临，即便是本可能逃离的厄运，也会在意料之外、客观之中发生。

随着经济的日益发展，交通工具也越来越发达，马路上车辆川流不息的景象随处可见。但同时，这也为很多交通安全意识淡薄的人埋下了危险的伏笔。

处于青春期的男孩暴躁易动，一定要注意出行安全，不要在车水马龙的马路上上演一幕幕不可挽回的悲剧。

道路交通安全事故是各种事故领域的"头号杀手"，而导致悲剧发生的一个重要原因，就是人们欠缺安全防卫知识，自我保护能力差。因此，青春期的男孩一定要加强安全防卫意识。

为了更好地掌握交通安全知识、更好地呵护生命，男孩们要记住以下几点：

（1）学习交通安全的法律法规，树立安全交通的意识，遵守交通规则，培养交通安全文明公德。

（2）12周岁以前不行回家，不骑自行车，放学回家时一定要排好路队。

（3）在车辆密集的马路上，时刻保持清醒的头脑，不在马路上嬉戏打闹。

（4）当过马路时，多一份谦让与耐心，不闯红灯，走人行横道，绝不能为贪一时之快横穿马路。

拉帮结派不参与

这天放学后，教导主任王老师正准备收拾东西下班回家，高一一个男生气喘吁吁地跑过来对他说："不得了了，王老师，我看到我们班十几个男生在打群架，你快去看看吧！"

王老师不明就里，于是，一边向这名男生询问具体情况，一边往出事地点——操场赶。原来，这十几个男生跟社会上的人有接触，分别跟着不同的"老大"，这两名"老大"关系一直很差，所以这些男生也就在学校内形成了不同的帮派。这天，他们因为一些鸡毛蒜皮的事吵起来了，最终大打出手。

幸亏教导主任及时赶到，不然后果不堪设想。

第05章 男孩也脆弱，青春期男孩也要学会保护自己

青春期是一个反抗时期，这一时期，女孩相对乖巧，男孩则很容易受到外界的影响。

在很早以前，著名的德国儿童心理学家夏洛特·彪勒就曾把青春期称为"消极反抗期"。这个时期的男孩一般都会对生活采取消极反抗的态度，他们开始逐渐否定以前的良好品质和行为，对一些不良行为习惯吸收得更快，甚至会产生一些。心理卫生问题。

很多青春期的男孩，正是由于这种叛逆的个性而陷入帮派的陷阱。其实，这些男孩并非天生偏爱暴力与犯罪。经过引导和随着人生阅历的增加，大部分成员都会重新融入社会；当然，也有很多人最终将犯罪当成职业。

近年来，青少年违法犯罪率呈上升趋势，而"小团伙""小帮派"更是突出的一个方面，颇受社会的关注，本文仅就"小帮派"的成因及对策谈点看法。

青春期男孩，从心理方面讲，他们的心理还都尚未成熟，处于一种起伏不定的状况，很容易受到外界的影响和引导，正确的引导当然对他们的身心发展有好处，而错误的引导则可能导致他们误入歧途。

这些男孩一旦被社会上的那些帮派吸收、成为帮派一员，就很容易走上社会的反面，甚至违法犯罪，涉及盗窃、抢劫、强奸、敲诈勒索、打架斗殴、收取保护费等方面。他们扰

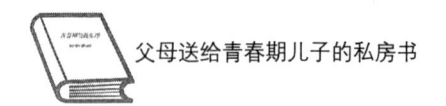

乱社会秩序，破坏社会稳定，成为社会的一大公害。

因此，青春期的男孩，必须远离帮派组织。自我教育是让青春期男孩远离帮派的主观因素；学校教育、家庭教育、社会教育只有转化为自我教育，才能真正起作用。

在男孩心理品质的教育中，意志的培养尤为重要，男孩必须有自我约束力和控制力，懂得明辨是非黑白，同时，应该有自己的交友原则多交益友，多参加一些有益于身心的活动，从而建立起正常的同学友谊。

知道吗，男孩也要防性骚扰

这天，王先生一家在讨论儿子学校的一件新闻。学校有个叫奇奇的男孩，被送进了少管所。

王先生对儿子说："他是在初二那年迷上了网络。他曾参加过各种计算机竞赛并获奖，家长和老师都为他骄傲。暑假里，他整天泡网上。有一天，他在网上看到了一个令人意想不到的情景。一开始他感到很慌乱，连忙关掉电脑，但直观的视觉刺激使这个十五六岁的男孩子焦躁不安。于是，他又坐在电脑前，打开机器，进入该网站，继续看起来。从此以后，他想入非非，静不下心来做暑假作业，整天沉湎于色情网

第05章 男孩也脆弱，青春期男孩也要学会保护自己

站。后来，有一次，他的邻桌女同学到他家学电脑、上网，他在教了这位女同学基本操作程序后，又打开了上次自己看的网页，那种不堪入目的画面又出现了。以后，他就以'学电脑'为名，多次引诱该女同学到家里看黄色录像。其实，他自己也知道这样做不对，可是他控制不住自己。终于有一天，他们发生了不该发生的事。一个星期天上午，他又将罪恶之手伸向一名年仅13岁的幼女，这个女孩哭着离开了她最崇拜的'电脑高手'。两天之后，他就因强奸幼女被'请'进了少管所。"

提起"性骚扰"，人们往往会想到穷凶极恶的色狼，并认为那些弱不禁风的女青年是受害者；殊不知，那些正值青春期的男孩也可能成为受害者。

然而，男孩与女孩遇到的性骚扰是不同的，女孩遇到的更多的是异性赤裸裸的骚扰，而男孩遇到的性骚扰则是间接的。当今男性青少年受到的"**性骚扰**"主要来源于电视剧、歌曲、网络、广告画、人体。

（1）来源于电视剧：电视剧为了吸引人们的眼球，不惜出卖女演员的色相，加入调情、亲吻、做爱、强奸等看点，让很多青春期男孩看后想入非非。

（2）来源于歌曲：这些歌曲大多是口水歌，什么爱你想你之类的，25岁以上的人便会讨厌这类歌，而18岁左右的人则

· 109 ·

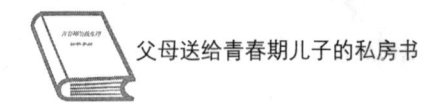

成天挂在嘴边。这些歌现在越来越多了，几乎到处都可以听到，让人极为不舒服。

（3）来源于网络：如今已经进入了网络时代，这是一个虚拟的天空，里面行行色色，五花八门，应有尽有。最吸引青春期男孩的，莫过于那些裸体美女，她们打着人体艺术的幌子把自己的关键部位传到网上，让众人"欣赏"，从而使自己成为红人。

（4）来源于广告画：这些广告画打着爱惜女性的皮肤、乳房的招牌，实际是借女性的性器官吸引人们的注意力，这些画半遮半隐，十分具体。

此外还有一些黄色光蝶、黄色网站等。如果仔细分析一下这些"性骚扰"的来源，就会发现这些骚扰都来自于女性身上的诱惑，最终的受害者自然是那些男性青少年。这些"性骚扰"，很容易导致青春期男孩走上性犯罪道路。

因此，青春期男孩一定要自觉抵制，远离它们，多接触正面的人和事，这样才能让自己的身心健康发展。

结交网友要谨慎

李太太的儿子李飞，平时很少说话，但有很多朋友，而这些朋友都是虚拟的，也就是一些网络朋友，除了"哥哥""姐姐"外，他还有"女朋友"。和其他男生不一样，他上网不是玩游戏，他一般都是聊天，认识各种各样的人。别看他仅仅是个初二的学生，却是个地地道道的"网虫"。一般情况下，他都在网吧上网。

有段时间，李飞特别开心，因为他马上就可以见到他那些朋友了。老师知道这事后，很快联系了李飞的家长，经过调查他们发现，李飞这些所谓的朋友都是在娱乐场所从事不正当职业的人。李太太当时吓出一身冷汗，儿子差点被骗了。

后来，李飞痛苦地说："我原来是班里的前三名，自从迷上了网络交友后，现在变成班里的倒数第三名，其中数学仅考27分，另外，还有4门功课不及格。网吧真是害死人！"老师听完他的讲述后，给他分析了网络的利弊，希望他以后多加注意，对待网络朋友一定要慎重。

随着计算机技术的发展，网络正以前所未有的强大力量冲击并影响着人们的生活。它在发展青少年智力的同时，也有其弊端，它使人像吸海洛因一样成瘾中毒，网络给网迷特别是青少年网迷的身心健康发展带来较大危害。

为此，作为青春期的男孩，你必须及时认识到网络聊天的危害，并慎重对待网络朋友。为此，你要做到：

对待网络朋友，一定要慎重，你可以问自己是否知道以下几条信息：

（1）谈吐是否显示有素质？谈话可以看出一个人的修养。要远离那些说话流里流气的人、毫无口德或者满嘴脏话的人。

（2）对方的资料是否较全？如果对方对自己的真实信息遮遮掩掩，那么你要小心了，因为一个坦荡交友的人是不怕把自己真实的所在城市地址、年龄、职业写出来的。

（3）是否有共同语言？这里的共同语言指的是人生观、价值观等方面相同，而不是一些负面的思想。

（4）交往持续多长时间了？时间是可以验证情感质量的。

关键的是自己一定要清醒地对待网络朋友：

（1）保持警惕心。不要轻易告诉对方自己的真实住址、姓名、电话。除非交往时间很长，确认对方可以信任了。

（2）最好能将网络与现实区分开，不要让网络影响现实。

（3）尽量少跟已婚异性交往，对方是否已婚，一般可从谈吐中听出来。

（4）尽量不要单独会见异性网友，尤其是在晚间，防止被骗。

（5）对方要求视频时，尽量回绝。

的确，青春期的男孩需要朋友，但交友渠道一定要正当，对待网络那些朋友，一定要慎重，要学会保护自己，不要上当受骗！

面对暴力事件，运用法律武器

"快给钱，不然别想走！"几个社会青年在上学路上对一个低年级男孩说。恰巧，这一幕被正赶回家的初三学生小悠看见了，他心想，自己一个人的力量肯定斗不过这些人，于是，他赶紧先打110，因为派出所就在附近不远，然后他对着这几个大喊："警察来了！"果不其然，这几个青年吓得魂飞魄散，来不及看真实情况是就逃窜了。

案例中的男孩小悠是个勇敢又机智的男孩，面对暴力事件，他没有退缩，也没有逞一时意气，而是先报警，再用"警察来了"吓走犯罪分子。

的确，勇敢是男性品质的最好定位，然而，随着现代社会法律的逐步健全，人们处处依法行事，法律面前人人平等，所以，作为未来社会的重要责任者，青春期男孩，面对暴力事件时，要学会运用法律的武器，毕竟，青春期的你们还是脆弱的，自我保护能力弱。

老一辈无产阶级革命家邓颖超指出:"教育孩子们从小学法、守法、用法。"《未成年人保护法》第四十六条规定:"未成年人的合法权益受到侵害的,被侵害人或者监护人有权要求有关部门处理,或者依法向人民法院提出诉讼。"作为学生的男孩们要明确,依靠法律是预防侵害的首要原则,是自我保护的必备武器。

要依靠法律,就必须学法、知法。男孩们要了解相关法律,掌握必要的法律知识,要弄清什么是合法,什么是违法;什么是无罪,什么是犯罪;什么是自己的义务、权利和合法权益,什么是受到侵害;还要弄清家庭、学校、社会、司法对未成年人保护的内容和法律责任。

要依靠法律,就必须守法、用法。男孩们要依法履行自己的义务和行使权利,并在违法犯罪行为对自己形成侵害时依靠法律手段进行自我保护。要做到:一克服"害怕对方报复,干脆自认倒霉"的错误思想;二摒弃"管他三七二十一,我私下找人报复"的错误做法。总之,男孩要在法律允许的范围内作自我保护,而不能感情用事,采取私下报复打击的手段。

比如,在公共场所,有人抢劫你的财物时,你应该考虑事情的轻重缓急,不要太过在意财产,应该先保证自己的生命安全,在确保自己安全的情况下,再报警,以寻回自己的财物；不到万不得已，不要硬拼，避免造成更大的损失。关键时应大声呼救，及时报警。

报警时，应确认对方是110报警台后再述说。尽量明确地告知出事地点、肇事者的人数、是否有武器和交通工具的种类等细节，还要留下联系方式。如果你是处在和坏人周旋的险境中拨打110，应注意隐蔽和轻声。

对不合理要求学会说"不"

"妈妈，我们班王宏又让我给他带早餐，真烦人。"儿子跟妈妈抱怨道。

"帮助同学不是应该的吗？"

"可他每天都这样。最初那个早上他说自己要迟到了，给我打电话让我带早饭直接去教室吃；但后来，他每天都说自己要迟到，我也不知道怎么拒绝他。"

"乖儿子，你是个善良的孩子，但帮助别人也要有度的，别人能做到的事，却让你去帮忙，你就不该答应，你要知道，'好好先生'总是会被别人欺负……"

案例中，妈妈的话是有道理的，毫无原则地帮助别人，就会成为一个吃力不讨好的"好好先生"。诚然，人生在世，谁都会有求于人，正是深知这个道理，我们对于别人的困难也常常伸出援助之手。但是，对别人的请求，我们不能事事都答应，对那些自己力不能及的、违犯原则的、出力不讨好的、付出精力太多的请求，要加以拒绝。不善于拒绝别人的人，是一个没有原则的人。

青春期的男孩们，你是否希望有时能说"不"？你是不是被迫同意每个请求，宁愿竭尽全力做事，也不愿拒绝帮忙，即使自己没有时间？那么，为什么你会继续答应呢？

因为，青春期的男孩更渴望友谊。很多青春期的男孩往往会错误地认为，拒绝朋友会让朋友产生一种抵触情绪，因为拒绝表示自私，代表不关心、一种隔阂、一种敌视，是一种迫不得已的防卫，殊不知，它更是一种主动的选择。

青少年在人际交往过程中，为了营造所谓的和谐关系，往往对别人的要求来者不拒，根本不懂得拒绝，哪怕有些事凭自己的能力根本办不到。其实，这完全没有必要。

青少年大都听过这样一句古话：大丈夫有所为有所不为。这个"不为"，就是拒绝，对于别人的要求，你能做到的，就可以通过举手之劳做到；但有些事，以你自己的能力根本做不到的，对此，你就应该拒绝。

处于青春期的男孩对世界还没有一个清醒的认识，很容易被社会上的各种不良因素所诱惑，为此，你必须学会拒绝，以免在那些致命诱惑面前打败仗，成为俘虏。只有学会拒绝，才不会误入歧途、掉进陷阱。

因此，青春期的男孩们要掌握一些拒绝的技巧：

（1）区分拒绝与排斥。记住，你是拒绝请求，而不是排斥一个人。通常人们都会明白，你有拒绝的权利，就像是他们有权利要求帮助。

（2）保持简单回应。记住，拒绝别人一定要坚决而直接。多使用短语，如"感谢你看得起我，但现在不方便"或"对不起，我不能帮忙"。

（3）给自己一些时间。这样，你能有时间考虑怎样在不伤及感情的情况下拒绝别人。

（4）考虑一项妥协方案。如果你要同意对方的请求，那么，你可以采取这个方法，但这个方案最好只占用或需要你有限的时间或能力。如果你真的想拒绝，则应避免妥协。

现实生活中，选择拒绝的人并不多。青春期是人生观、价值观形成期，一定要懂得拒绝。拒绝并不是懦弱，而是一种智慧，是一个男子汉睿智的表现。要让自己敢于说出"不"这样一个铿锵有力的否定语。

第 06 章

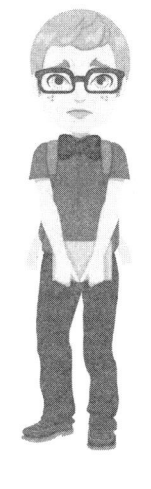

哪有什么完美,青春期男孩平静接受身体的变化

成长是快乐的,也会带来一系列困惑。的确,青春期的到来,带来了很多令男孩们头疼的问题,尤其是身体上的不完美。但很多问题只是青春期独有的,随着年龄的增长和身体的发育成熟,它们会逐渐消失,所以,这种不完美也是暂时的。用平稳的心态接受这种暂时的不完美,不断充实自己的内在,会让你的青春期过得更充实,愉快!

我这么瘦弱，会不会一直被"欺负"

小兵从小身体偏瘦，直到初中仍是如此。那天，在放学回家的路上，听到同学的非议以后，平时叽叽喳喳的小兵回家一声不吭。回家后，妈妈看出儿子的不对劲，便问出了什么事，小兵支支吾吾地说了前因后果："因为我瘦小，班上那些高个子男生都欺负我，让我做这个做那个。"说完以后，小兵语出惊人，"妈，有没有增肥药？"

妈妈听完儿子的话，吓了一跳，但她也能理解，任何一个男孩都希望自己能身材高大，不被人欺负。

故事中的小兵遇到的烦恼，相信不少青春期男孩都遇到过——为什么周围的男生都拥有高大、健硕的身材，而自己却这么瘦？其实，每个人的发育状态不同，发育时间也不一样，有的男孩直到大学还在发育，所以，男孩们不必担心，即便现在的你还很瘦小，你也不会一直被同龄的男孩欺负。

当然，为了让自己更健康地成长，为了让自己拥有更俊美的外表，你可以这样做：

1.要注意营养的摄入

青春期是长身体的阶段,青春期男孩每天都需要摄入充足的能量和营养元素,要多吃鸡蛋、鱼、肉等蛋白质含量高及水果、蔬菜等富含各种维生素的食物。

2.适当地运动

运动可以使成长期的男孩发育得更好、体型更完美;而且,这个阶段的孩子在神经系统的可塑性、灵活性方面都比较好。为此,你可以根据自己的爱好选择一些体育项目,比如:

(1)有氧运动:如游泳、慢跑、快步行走、滑冰、骑车、球类运动等,有氧运动有助于加速血液循环,促进新陈代谢和生长激素分泌。以游泳来说,游泳是一个很好的健身运动。游泳时上肢活动量大,呼吸深而有节奏,加上水的阻力,就像是胸部肌肉在进行负重练习,使胸部肌肉群的力量和弹性增加,这是使胸部健美的一种简易的方法。

一般来说,这些运动最好每周3~5次,每次30~60分钟,每天不超过2小时,可分2~3次进行。

(2)弹跳运动:这类运动有助于初中的孩子们促进身体高度的发育,如跳绳、跳皮筋等,弹跳运动以每天1~3次,每次5~10分钟为宜。

(3)伸展运动:这类运动可以增加身体的柔韧性,可以使得体型变得优美,如引体向上、韵律操、太极拳、踢腿、压

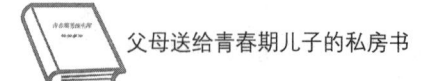

腿、芭蕾练习等，每周进行3~5次。

但是，在进行这些运动的时候，你要注意安全，因为青春期男孩正处在成长阶段，这一时期骨骼的发育、身高的增长都较快，骨组织中软骨成分较多，富有弹性，不易骨折，但是抗压、抗扭曲能力差。所以在进行力量练习时负荷重量不能太大，尤其要注意保护脊柱。

总之，男孩就应该挥洒汗水，因此，作为青春期男孩，在学习之余，你一定要多运动，并养成习惯，运动不仅能帮助你练就健美的身材，还能让你天天好心情。

为什么我会掉这么多头发

有天中午，奇奇洗完头，头上裹着个毛巾，喊妈妈给他吹头发，然后问妈妈："妈妈，您买的洗发水是不是过期的呀？"

"你这孩子，怎么说这么莫名其妙的话，我怎么可能买过期的洗发水呢？对于你的健康，我是最在意的。"

"可是，我最近洗头，老是掉头发，刚开始是一两根，现在越掉越多，照这么下去，我可真担心，我会成光头的。"

"怎么会呢？"妈妈正说这句话的时候，发现毛巾上好多头发,而且,在奇奇头上轻轻一摸就会掉几根,看样子,儿子掉发就不是正常的青春期代谢。

"儿子,妈妈这几天带你去医院看看好不好,妈妈害怕你这头发掉得不正常,还是看看比较保险。"

可能一些人认为只有青春期的女孩才会掉头发,其实男孩也会。掉发有生理性及病理性之分。生理性脱发指头发正常的脱落。病理性脱发是指头发异常或过度的脱落,其原因很多。因为头发都有它的寿命,不正常的掉发,可能是身体因素导致的,也有可能是由于用脑过度。

那么,面对生理性脱发,青春期男孩应该怎么做呢?

(1)运用正确的洗头方法。不正确的洗发方法,会导致头部的血液循环不良,这也可能导致脱发。正确的洗发方法是洗头时水温不超过40℃,与体温37℃接近。其次,是洗头次数上,夏季可以每周3~7次,冬季可以每周1~3次。

(2)使用电吹风机时,要与头发保持20厘米的距离。

(3)杜绝饮酒。饮酒会使头皮产生热气和湿气,引起脱发,宜加节制。

(4)多吃蔬菜与水果,可使代谢正常,大便通畅,从而防止便秘引起脱发。

(5)减少脑部的压力,保持良好的心情。

(6)避免过多的损害。青春期男孩,染发、烫发间隔时

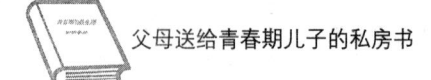

间至少3~6个月。夏季要避免日光的暴晒,游泳、日光浴时更要注意防护。

(7)戴帽子要注意头部通风和透气。

(8)充足的睡眠。充足的睡眠可以促进皮肤及毛发正常的新陈代谢,而人体代谢期主要在晚上,特别是晚上10时到凌晨2时之间,这一段时间睡眠充足,可以使毛发正常新陈代谢。反之,毛发的代谢及营养失去平衡就会脱发。因此,尽量做到每天睡眠不少于6个小时,养成定时睡眠的习惯。

另外,掉头发有时还与营养有关,与精神紧张或突然的精神刺激也有很大关系,可查血微量元素,平时不要经常处于精神紧张状态。男孩可以掌握一些防止脱发的小窍门,可在掉头发的地方经常用生姜擦一擦,以促进头发生长,饮食营养要全面,适当多吃些硬壳类食物,适当吃些黑芝麻!

青春期男孩要知道自己的头发是不是掉得特别多,有一个很简单的"拉发实验":可以轻拉自己的头发6~8次,然后看每次拉下来的头发有没有超过三根,如果有,就表示头发毛囊比较脆弱,应该多加注意。

第06章 哪有什么完美，青春期男孩平静接受身体的变化

男生的乳房也会发生变化吗

有一天，妈妈在做饭，小小绕开她，来找爸爸谈心。

小小神色紧张地问："爸，我这儿怎么好像胀胀的，还有点疼。你改天带我去医院看看吧，是不是电视上说的什么病啊？"

小小一向性格外向，这会儿居然扭扭捏捏，说话还打哆嗦。然后他又问："妈妈不会听见吧？"

爸爸看了看小小，发现儿子正指着自己的胸部，爸爸一下子明白了，原来，随着青春期的到来，儿子的胸部也产生了一些变化。接着，小小说："爸爸，其实，我也知道自己是发育了，但是男孩的乳房也会发育吗？"

听了儿子的一番话，爸爸放下手中的书本，把儿子拉到身边，开始为儿子解答疑惑。

乳房是女性重要的第二性征器官，女孩进入青春期后，第二性征开始显示发育。乳房开始发育的年龄与先天的遗传和后天的营养都有关系。

从生理上来说，乳房生长于女性的前胸，起到的是哺乳的作用。青春期以前，男孩与女孩的乳房在外观上几乎没有什么区别。但女孩长到七八岁时，身体的各个系统开始逐渐发育，大概10岁左右，在多种因素（其中包括卵巢激素、垂体激

素和胰岛素）的刺激下，女孩的乳房开始正式发育。女孩乳房发育的年纪也是因人而异的，但一般不超过16岁，如果超过16岁乳房仍未发育，应引起重视。

也就是说，随着身体的逐渐发育，尤其是到了青春发育期后，女性的乳房开始明显生长，并在外形上发生变化，且慢慢具有泌乳和哺乳的功能。而男性乳房则不是如此。男性的乳房在青春期实际上也会出现稍微的增长与变硬，但青春期过后，则会保持原样，并不随身体的发育而日渐增大，也无任何分泌功能。如果男性乳房也宛如女性那样生长，那就可能是不正常的情况。

那么，为什么有的男孩子的乳房会像女性般莫名其妙地增大呢？

男性乳房发育分为生理性和病理性两类。

病理性的称为男性乳房发育症。该病多见于中老年男性，10岁左右男童也可发生。一般有以下一些症状：乳房肥大，单侧或双侧结块，有时伴有胀痛。这是由于体内促发乳房发育的雌激素数量增加了。对于正常男性来说，体内雄激素分泌量占着绝对优势，只是有少量的雌激素，这是由肾上腺、睾丸等分泌的，而这些乳房发育异常的男性，则是由于身体受了某些因素影响，雌激素数量骤增导致乳房增大。

总之，不论如何，一旦发生男性乳房发育症，就要寻出病根，及早进行治疗。

不过，有些男孩在青春期也会出现暂时的乳腺增大，不必太在意。男性的乳腺增大一般可在三个时期出现：新生儿期、青春期、老年期。大部分男孩在青春期都会有乳腺增大现象，这主要是由脑垂体控制的雌雄激素分泌比例波动造成，一般几周或几月就会消退，不必着急。部分新生儿受母体影响，也会有"早发育"现象，但一般也能自行消退。

为什么我还不及女生高

波波被同学们称为"小不点"，当大家都开始长个儿的时候，他却不长，班上很多女同学都比他高，波波很自卑。波波的爸爸是个有心人，看到儿子整天愁眉苦脸的，才明白原来可爱的儿子担心的是身高的问题。

波波："我被同学们取了外号叫'小不点'，因为我长不高，其实，我不喜欢这个外号。"

爸爸："我能明白你的心情，你也是个男子汉了。你们班是不是有些女孩都比你高啊？"

波波："爸爸，您怎么知道？"

爸爸："其实呢，这是比较正常的现象，青春期的男孩没

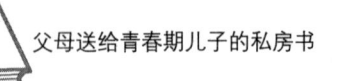

有女孩高，并不说明以后身高就不增长了，男孩的发育一般要比女孩晚，半年或者一年以后，你可能就比他们高很多了。"

波波："是真的吗？"

爸爸："当然，爸爸怎么会骗你？这就是人们常说的'迟来的青春'，以后大家就不会叫你'小不点'了。"

其实，和故事中的波波一样，很多青春期男孩有个困惑：为什么很多女孩比我还高？为什么我长不高？其实，这是由于大多数男孩发育都比女孩晚。

那么，人体是怎样长高的呢？原来，人类的身高主要取决于长骨的长度。长骨的生长，包括骨的纵向生长（即线生长）和骨的成熟两个方面：从婴幼儿到青春期，在靠近骨干的部位也在不断地进行着成骨过程。长骨就是这样一点一点地增长，人也就渐渐长高了。但是，到了20~22岁，骺板软骨渐渐消失，骨骺闭合，骨的纵向生长停止，人也就不能再长高。

由此可见，长骨骺板软骨的生长是人类长高的基础，而骺板软骨的生长又是在人体内生长激素、甲状腺激素等多种激素的协同作用下完成的，其中，促使软骨细胞分裂增殖的主要动力源是生长激素，它由人脑垂体分泌，促进软骨生长、骺板加宽，在人的身高增长中起着主导作用。

人体的身高和体重一样，有两个发育高峰期：一个是婴儿期，一个是青春期。

第06章 哪有什么完美，青春期男孩平静接受身体的变化

男孩、女孩进入青春期后，身体迅速生长，男女身体形态发生显著的变化，最后形成真正的两性分化。其中，身高是一个重要的指标。

这时候，无论男女，都会出现人体生长发育的第二个突增阶段。女孩身高突增，一般约在9~11岁，男孩通常晚两年，约在11~13岁。男女身高突增的幅度也不一样，男孩每年可增长7~9厘米，最多可达10~12厘米；女孩每年可增长5~7厘米，最多可达9~10厘米。

由于男孩青春期发育开始年龄比女孩晚两年左右，骨骼停止生长的时间也相应晚些，所以，增长的幅度也会大很多，到成年时男性的平均身高一般比女性高10厘米左右。

女孩在生长突增高峰过后，生长速度明显减慢，而这一阶段同龄的男孩的生长突增却正处于高峰阶段。所以，男女身高会在13~15岁阶段出现第二次交叉现象。

青春期，无论男孩女孩，身高突增的出现是进入青春期的信号。男孩们，比女孩矮是暂时的，你只不过是发育比女孩晚一点而已，最终，你会成为一个高大英俊的男子汉！

出汗多，身上有怪味被人嫌弃怎么办

某天，奇奇回到家后和妈妈说了一件在学校里发生的事：他的同学小飞人很好，学习也不错，可是同学们都不喜欢亲近他，也不喜欢坐他的同桌，因为他身上有一股怪味道，很难闻。

后来老师就准备让奇奇和小飞做同桌，奇奇觉得，小飞人很好，无缘无故被同学们歧视，很是不幸，就答应了。可是后来，奇奇坐在小飞身边后才发现，小飞身上的味道，实在让人难以接受，有几次，奇奇差点吐出来。没办法，老师只好让小飞一个人坐在教室的一个角落里。

奇奇和妈妈说完以后，妈妈明白过来，小飞的情况应该是狐臭。后来，奇奇问妈妈："什么是狐臭啊，那是什么病呢？"

小飞的这种情况，一些和他同龄的男孩也是有的，很多人对此谈之色变，这其实就是"狐臭"。它让男孩们感到尴尬无比，也给很多青春期的男孩形成一种精神上的压力、不安及挫折感。其实，这是普通的生理现象，男孩也不必太在意。

狐臭是一种体臭，味道较重，容易令旁人感到不舒服。生活中，很多人对狐臭闻之色变，令当事人尴尬无比。那么，狐臭形成原因为何？

首先，我们得了解人的汗腺机制。汗腺有两种，一种是小汗腺，即外分泌汗腺，它们分布于全身，分泌99%的水分和

0.5%的盐分。另一种是大汗腺，又叫顶浆腺，位于皮肤真皮层，开口于毛根部，只分布在腋下、会阴部、乳头及脐周，会分泌较浓稠的液体，含有油脂、蛋白质及铁分，再经由腋下的细菌分解后发出臭味，狐臭就是这么形成的。

狐臭大都发生于青春期，这是因为：青春期受情绪及荷尔蒙所影响，汗腺比较发达，大汗腺分泌物质相对于人体的其他时期多有增加。

另外，狐臭会遗传，根据调查，双亲皆有狐臭的人会有80%的概率遗传到，若父母只有一方有狐臭，那么遗传的概率则为50%。

很多青春期男孩，在发现自己有狐臭后，会感到不安甚至羞愧，严重的还会有挫折感，乃至形成一种社交障碍，人格发展也受到影响。其实，男孩不必为此担忧，只要积极地处理，减轻汗腺的分泌，是可以缓解狐臭的。男孩也可以采取一些医学方法解决，如，药物治疗、积极性治疗、电烧疗法、手术切除等。

其实，在生活中，男孩不妨采取一些自疗的方法：

（1）保持皮肤干燥。狐臭发出气味的原因一般是发病部位的潮湿和不卫生，因此，患狐臭的男孩要保持腋窝、乳房等部位的清洁。

（2）对于发病部位，采取针对性的措施，比如，每天用

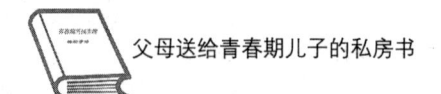

肥皂水清洗几次，甚至将腋毛剃除，不让细菌有藏身之处。

（3）戒烟酒，少吃强烈刺激的食物。

（4）在治疗中，要保持心情开朗，且不宜做剧烈运动，剧烈运动会加大流汗量，加重病情。

这里，对于小飞的这种情况，可以采取一些措施，减轻症状，这样，他会逐渐被周围的同学和朋友接受的。当然，青春期男孩在日常生活中要多注意卫生与健康，做个干干净净的男孩，减少疾病的发生！

"小四眼"不好看，我想摘掉眼镜

阳阳14岁了，周围的同学很多都戴上了厚厚的眼镜。

这天放学后，阳阳去妈妈单位等她一起回家，办公室有位阿姨看到阳阳，就问妈妈："你们家阳阳是怎么教育的呀？他好像是周围同学中唯一没戴眼镜的男孩了，我儿子现在居然被人称为'四眼怪'，随着书读得越来越多，眼镜戴得也是越来越厚。你说，要是成绩好，倒也欣慰，这学习成绩也不怎么样。"阿姨一口气叹得很深。

阳阳的确有着一双明亮的大眼睛，其实，阳阳并没有用什么眼保仪，而是一直做到了科学用眼。

眼睛是心灵的窗户，每个男孩都希望自己有一双明亮透彻的眼睛，都害怕自己一张富有青春气息的脸被一副眼镜遮上。那么，究竟近视是怎么产生的呢？主要有三个方面的原因：不科学饮食、屈光不正和遗传因素。

还有，一些男孩因为上课、做作业时的坐姿不正，或是光线暗淡，也可能引起近视。

青少年的眼睛正处于快速发育阶段，眼内各器官都很稚嫩，在漫长的学习生涯中，如果不养成良好的用眼卫生习惯，及时有效消除视力疲劳，近视就很容易发生。针对近视产生的原因，为了更进一步预防近视，有以下几条建议：

1.注意用眼卫生，尽量避免外界的伤害

（1）光线强度要适中，读书写字时候，光线不宜太强或太弱建议使用台灯照明时用40W白炽灯泡，台灯应放在左前方一尺左右距离；室内照明40W日光灯应距离桌面1.4米。

（2）近距离读写、看电视、玩电子游戏、上网等都有时间限制。

（3）看电视应有节制，眼距离以电视机对角线6倍以外观看，一般看40分钟休息10分钟；少玩电子游戏、电脑等。

2.科学用眼

（1）读书写字注意三个"一"：即眼离书本一尺、胸离桌子一拳、手离笔尖一寸。

（2）走路或乘车时不要看，不要躺着或趴着看。

（3）劳逸结合，用眼时间不要过长，应每隔50分钟左右休息10分钟。

3.加强运动，加强体质

（1）眼睛和身体其他部位一样，也需要运动。尤其是学习任务重的青春期男孩，常长时间近距离用眼，为消除视疲劳，应经常性望远，多参加体育运动，增强体质。

（2）每天坚持做眼保健操，以缓解眼疲劳，消除调节紧张，恢复眼调节机能，预防近视发生。

4.补充营养，合理饮食

（1）少吃零食。零食中大多加有防腐剂、色素等添加剂，食用过量百害无一益。

（2）少吃甜食和辛辣食物。糖分摄入过多在体内血液环境中呈酸性，易造成血钙减少，影响眼球壁的坚韧性，促使眼轴伸长，导致近视眼的发生与发展。

（3）避免偏食。偏食是诱发青少年视觉功能障碍的主要原因之一。

（4）多吃水果、蔬菜、豆类、动物肝脏等，合理地获得天然糖分、微量元素和维生素。

另外，要坚持近视矫正的原则：晚治不如早治，治疗不如预防。拥有一双美丽的眼睛，青春期的风景，你会看得更清澈！

第 07 章

身体是革命的本钱，男孩要学会健康生活

身体是革命的本钱，青春期本身就是长知识长身体的阶段，良好的身体素质是其他一切的基础。一些青春期男孩，无法好好地生活、学习，不是败在了智力上，而是败在了体质上。任何一个男孩，都希望自己成为一个健美的帅小伙儿，因此，你需要学会一些保持健康的方法，并运用到日常生活中，这样你才能成为一个体格强健的男子汉！

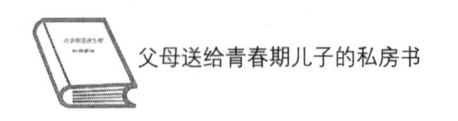

青春期有哪些常见病

这天放学后,天天赶紧跑回家,看到妈妈在厨房做饭,很伤心地对妈妈说:"妈妈,老师说我以后不能吃炸鸡了。"

"老师为什么这么说?"

"今天学校体检,测出我的血压偏高,高血压不是老年人才得的吗?"天天神情凝重地问妈妈。

"也不全是,现在青少年也是高血压易得人群。对了,你的血压应该只是偏高,不是高血压,明天妈妈带你去看看医生。不过,都怪妈妈,平时没有让你注意饮食……"

现代社会,物质生活水平的提高,并没有给人们的身体素质带来成正比的提高,这种情况不仅在成年人身上出现(也就是人们常说的"亚健康"),很多正处于青春期的男孩也成为其中一员。由于紧张的课程学习,不健康的生活方式等,很多青春期男孩有了属于他们这一人群的特殊疾病:

1.近视

近视就是看近处的物体清楚,看远处物体不清楚。这种人看书必须离书很近才能看清楚,按正常人的距离是看不清楚的，必须配戴近视镜。

按照近视眼的度数，可将近视分为三类：300度以内为轻度近视；300~600度为中度近视，600度以上为高度近视。近视的病因，有先天后天之分。先天性近视是一种遗传病，后天近视则是不正确用眼造成的。

2.结核病

结核病的病原是结核杆菌，它有很强的生存能力，在阴暗潮湿的环境中能存活半年，在空气中也能存活8~10天，病人吐出的痰中的结核杆菌，在阳光下也能生存20~30小时，所以，结核杆菌的传染能力很强。

3.急性扁桃体炎

急性扁桃体炎有传染性，春秋两季发病率最高。以年龄计，青年期发病率最高，其次是少年儿童，50岁以上的人很少发病。由于急性扁桃体炎有传染性，故病人应注意隔离，多饮水，吃流食，适当休息。患病后要及时治疗，三五天即可痊愈，如治疗不及时转成慢性，就会给治疗带来困难，因为慢性扁桃体炎药物治疗效果不太理想，且常引起严重并发症，最后甚至不得不进行扁桃体切除术。

4.青年特发性高血压

有人认为，高血压是中老年病，与青少年没有关系，这话不完全对。高血压确实是中老年病，但这并不代表这种病与青少年没有一点关系,因为青少年中也有一定数量的人患高血压,所以,青少年也应该关心自己的血压是否正常。

表面上看,青春期男孩患高血压的风险不如中老年人那么高,同时,在患高血压病的青少年中,发生中风和由于高血压病导致心脏病和脑血管病的危险性也没有中老年人那么突出;但是,高血压病对于青春期健康的危害不容小觑,青春期的男孩们,未来要担当社会和家庭的责任,必须有个健康的身体。

以上这些是青春期常见的几种疾病,一定要注意预防,要有良好的生活、卫生习惯,同时需要积极参加体育锻炼,增强体质,但也要注意劳逸结合,避免过度疲劳;再者,要是患上这些疾病,你需要积极治疗,防治结合,赶走疾病,如此才能让自己度过一个健康的青春期。

身体迅速成长的青春期,要有特别的营养

乐乐是个14岁的男孩,偏胖,为此,他的同桌经常会跟他开玩笑:"你就像个小胖猪。"虽然这只是玩笑,但乐乐认真了,他决定一定要瘦下来,一定要控制自己的饮食。

晚饭时,爸爸给他夹了块红烧肉,乐乐马上夹回给爸

爸,说:"我不吃,再吃真的成猪了。"

听乐乐这么一说,爸爸大概知道怎么回事了,于是,他对乐乐说:"青春期是特别期,要有特别的营养,控制饮食只会让你的身体吃不消……"

这里,乐乐爸爸的话很有道理。一般来说,男孩在体形上,都比女孩更高大,在整个发育的过程中,他们需要的能量也比女孩多。男孩在整个身高突增期内平均长高28厘米左右,较女孩高3厘米,身高约为成人身高的90%,体重也会增加为成人的80%~90%。事实上,男孩和女孩的成长高峰期是间隔开的。在进入青春期前,男孩、女孩的身高差别很小,男孩的群体均值水平略高于女孩1~5厘米。但在经历了青春期后,成年男子的身高明显高于成年女性。不仅身高和体重,在进入青春期后,男孩在骨骼和肌肉上也是发育迅速。

很明显,青春期男孩这些突飞猛进的发育,对营养的需求较大。这期间,他们对热量、蛋白质等营养素的需求量是一生中最高的。在青春发育期,男孩的生长发育需要食物为之提供足够的热能,同时,由于他们的基础代谢增高、体力活动增加,也需要较多的热量来维持,因此每日摄取的食物中要保证有足够的热量及蛋白质。在摄取高热量、高蛋白膳食的同时,应以平衡膳食、全面营养为原则,安排好所需热量、蛋白质、碳水化合物的比例,还应注意摄取各种维生素、矿物

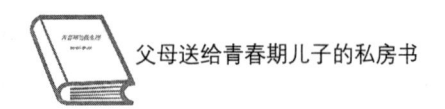

质，选择食物要广泛，注意主、副食搭配。

男孩子在发育期较女孩子食欲强、食量大，因此，谷类食物的摄入对他们来说十分重要。一般来说，13～17岁的青春期男孩每日进食的主食不应少于500克，否则时间长了会造成不良后果。青春期男孩在青春发育期身体生长迅速，身体内各组织、器官、肌肉都随之发育增长，所以体内也需要大量的优质蛋白质。但实际上，蛋白质也不一定只能从动物性食品中获得，豆类也是蛋白质的最好来源。经常摄入豆制品，既能改善膳食花样，又能增加营养，且来源十分经济。

青春期男性除要摄入谷类、动物性食品外，还应注意多食海产品、蔬菜、水果等。因男孩子在青春期骨骼发育较快，故应多食富含钙、磷等矿物质的食物，如虾皮、海带、乳制品、豆制品等。此外，每天还应进食400～500克的新鲜蔬菜，以保证维生素和矿物质、纤维素的摄入量。

有些男孩子食欲好，偏爱肉类炸制食品，尤其是市场上各种中西快餐店制作的含高脂肪、高糖、高蛋白质的食品，如炸鸡、汉堡包、三明治、冰淇淋等。长期食用这种快餐食品对身体有害无益，而暴饮暴食也会伤害脾胃，影响其他食物的摄入，并且易引起肥胖和增加成年后患心血管疾病的概率。

有节制地饮食，男孩要管住自己的嘴巴

小胖今年14岁，和其他青春期的孩子一样，他也是爱吃零食的人，尤其是对于巧克力的诱惑，他实在无法抵挡。但就因为这样，才14岁的他已经一百四十多斤了，他告诉自己，必须学会控制自己的嘴巴。

其实，小胖是个很有毅力的人，在小学五年级的时候，他还是全班倒数，但现在，他已经是学习上的尖子生了。对于美食的诱惑，他相信自己也一定有毅力抵御。

曾经一段时间内，巧克力的压力一直沉甸甸地挂在他心头。但他问自己："如果偷偷吃了一块，那么，我会找借口鬼鬼祟祟吞下另一块吗？"这种压力如此之大，以至于小胖痛下决心，把所有的巧克力都分给自己的朋友吃了。而现在，他对巧克力已经没任何欲望了。

案例中的小胖是个自控力很强的男孩，在意识到巧克力对自己身体的危害之后，他能果断"戒掉"。这对于很多无法抵抗住美食诱惑的青春期男孩来说是一个最好的激励。

每个青春期男孩都要明白一点，抵御美味的诱惑是自控的第一步，一个人连自己的嘴都控制不住，又怎么能控制自己的行为，最终掌控自己的人生呢？

专家警告说，一旦染上"吃瘾"，要想改变这种危害

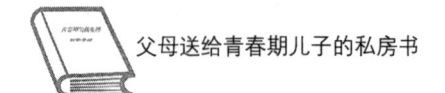

身心的饮食习惯，其实比那些有毒瘾和赌瘾的人戒掉恶习更艰难，因为，我们每天都需要"吃"，以此来补充身体的能量，我们不可能彻底戒掉"吃"。

对于那些偏胖的青春期男孩来说，可能你在饮食上会有这样一种经历：你有一些被禁止的食物，但你偶尔会心痒，会主动去尝试一下这些食物，你认为只吃一口没什么事，但你没有料到的是，你根本没有毅力控制自己不去吃第二口，而吃了一种被禁止的食物就会想吃第二种。等意识到这个问题的时候，你发现自己在半个小时内已经吃掉了相当于一个月的量的被禁止的食物。

而导致无节制饮食的关键是人们没有始终把自己的行为和最终目标联系在一起。你要问自己，你吃的目的是什么，吃完是否达到目的了？如果你能得出正确的答案，你也就能做出明智之举。

下面是几条帮助你管控嘴巴的方法：

（1）某些食物坚决不要尝试，也就是说，没有开始就不存在停止一说。

（2）最好不要独自进食。在与他人同时进食时，暴饮暴食会让你感到尴尬，你也就能收敛自己的嘴。

（3）尽量避免与那些和你有同样饮食问题的人一起进食，因为他们的饮食习惯也会给你错误的暗示。

（4）不要在家中存储那些会诱惑你的食物。

（5）用餐之后，请立即把所有的餐具刷洗干净，然后刷牙、洗脸，这样，有事可做的你便不会因为无聊而再去进食。

以上这五点规则可能会对你有所帮助，另外，如果你实在无法控制自己的欲望，请打电话给你的朋友吧，告诉他们你的想法，让他们帮你、劝导你。总之，你要对你自己负责，要把无节制饮食的习惯彻底根除，而不是向它投降。

生命在于运动，做一个爱运动的阳光男孩

小风是个学习成绩很好的男孩，也很听话，不像其他那些叛逆的青春期男孩。他唯一让爸妈操心的是他的身体，他从小体弱多病，动不动就感冒，每个月他都要请几天病假，这不，爸爸妈妈又带他来医院了。

"医生，您说我的儿子怎么回事？体质太差了。"妈妈顺便问医生。

"他平时吃得怎么样？"

"还行，不挑食，但吃不了多少。"

"那体育锻炼呢，多久锻炼一次？"医生追问。

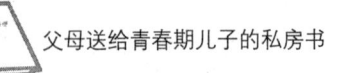

"他几乎不锻炼，平时放学回家就直接钻到房间做作业、看看书。"

"那怪不得了，青春期的孩子不运动，身体怎么能好得了？"

"原来是这样啊……"

的确，青春期的男孩，要健康，就要运动。生命在于运动，阳光、朝气蓬勃的男孩更需要运动。每个青春期男孩都希望有个健康、强壮的体魄，男孩天生运动细胞就比女孩多，每一个男孩都是运动健儿。适量的运动和合理的营养结合，可促进生长发育、改善心肺功能、提高耐久力、减少身体脂肪和改进心理状态等。这种经济、实用、有效、非药物又无副作用的措施，对于提高男孩健康水平有着重要的作用。

但事实上，青春期男孩整日面对的是课堂和作业，偶尔的体育锻炼也是为了体育成绩达标。即使把课间操、体育课、课外活动等时间全部加起来，一周平均下来，也只能算作每天锻炼一小时。

青春期男孩，要主动养成运动的习惯，青春期阶段是敏感期，这个阶段对外界环境的依赖性较大。如能在这阶段培养热爱运动的习惯，不仅能促进运动能力的发展，还会使你受益终身。

（1）经常锻炼不同部位的肌肉、关节、韧带，可以让男孩保持身体的协调运动能力。

（2）适量的运动，可以锻炼呼吸系统、心血管系统，并改善新陈代谢与能量代谢。

（3）经常保持有规律的运动锻炼，可以锻炼男孩的性格，如坚韧性、意志力、明确的目的性、果断性、自我控制、自我评价和自我监督的能力等。好习惯的养成，可以让男孩拥有好的遵守一定行为准则的习惯和要求。

但是，青春期的男孩在做运动的时候，尤其是练举重或做肌力训练时，还应注意以下几点，否则很容易受伤：

（1）少做静力练习或持续时间较长的负重练习。

（2）运动量不要过大，所举的重量稍轻一些，总组数应少些，"超负荷"要适当。

（3）要保证足够的饮食营养，补充高蛋白食品。

（4）练习中要加强"防伤"和"防僵"的措施。

作息时间要规律

这天晚上，都12点了，强强还在房间里打游戏。爸爸看见强强房间的灯还亮着，就站在房门外，等强强把游戏打完后，敲开了强强的门。

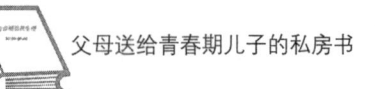

"强强,你知道几点了,对吧?不早了哟。"

"我知道,可是明天周末呀,没事的。"强强为自己找借口。

"可是你知道吗?你今天晚睡,明天就要睡懒觉,明天晚上又会睡不着,循环往复,你的作息时间就会被打乱,伤身体不说,还会影响你的学习效率。"

"嗯,爸爸你说得对,健康的前提还是要有规律的作息时间……"

良好的生活习惯源于平时作息时间的保持。很多男孩缺乏这种作息时间观念,更谈不上养成习惯。只有合理安排好自己的作息时间,使生物钟能够保持正常的周期,人体才会感觉到精力旺盛。大量资料表明,凡是生活有规律、勤劳而又能劳逸结合的人,不仅工作效率高,而且健康长寿。因此,青春期的男孩,一定要遵循正确的作息时间。

可以说,一个男孩在家和在学校的作息时间执行情况有很大的区别。学校里作息时间非常统一,并且有专门的老师负责上课、下课和教学活动,男孩们在学校里的作息时间基本上比较有规律。但是,一回到家里,男孩就会变得较为散漫,这让很多家长非常头痛,而男孩自己往往要是没有学习好也没有玩好。为了解决这个问题,青春期男孩们一定规划好自己的作息时间。比如:

晚上9~11点：这段时间是免疫系统排毒时间，此段时间应安静或听音乐，完全放松身心，进入睡眠的准备状态。

晚间11点~凌晨1点：此时，肝脏在排毒，须在熟睡中进行。

凌晨1~3点：胆排毒时间。超过12点睡觉的人，即使睡够了8小时，往往还是不能解乏，一个重要的原因，就是到了肝胆解毒的时间他没有睡觉去解毒，而是在拼命学习、打游戏、唱卡拉OK，以至于第二天早上起床后精神委靡不振。

凌晨3~5点：肺排毒时间。有些人总是半夜咳嗽加重，不明白是怎么回事。为什么白天不咳嗽，而到了半夜就咳嗽？这是因为人体排毒的动作走到了肺，其实这是一个好的现象，证明人体自洁的功能在起作用。这时，不应用药进行止咳，以免抑制废物的排出。

半夜至凌晨4点：为脊椎造血时段，必须熟睡，不宜熬夜。

凌晨5~7点：大肠在排毒，应上厕所排便。很多人晚上不睡，早上自然就起不来。由于想睡懒觉，早上不起床，而一起床后马上要赶着去上学上班，因此来不及大便，而改成晚上或其他不确定的时间大便，这实际上是强行改变人体的生物钟，时间长了对人身体没有好处。

早晨7~9点：小肠大量吸收营养的时段，应吃早餐。很多人都有不吃早餐的习惯，久而久之，就容易得胆结石。

总之，青春期的男孩，你一定要明白充足的睡眠的重要性。要养成早睡早起的好习惯，休息得好，身体才会好，学习效率才会高，打疲劳战和时间战只会起反作用。

保持卧室的清洁卫生

周六这天早上，小林起了个大早，把房间窗户打开、窗帘拉开，把被子整整齐齐叠好，然后拿来清水和抹布、拖把等，把房间彻彻底底打扫了一遍，忙完这些，才8点。这时候，妈妈起来了。

"咦，儿子，这么早，干吗呢？"

"打扫卫生啊，您不是看见了吗？是不是焕然一新？"小林很自豪地说。

"确实，干净了不少，妈妈很赞同你这样做，但问题是，今天怎么太阳打西边出来了？平时周末你都是拖拖拉拉到10来点才起来。"

"以前这样不好，老师跟我们说，青春期的孩子要讲究卫生，卧室要经常打扫、通风，这样能减少很多疾病，让自己有个好的休息和睡眠环境。"小林解释道。

"老师说得对，不过妈妈希望你能坚持下去，加油……"

第07章 身体是革命的本钱，男孩要学会健康生活

可能很多青春期男孩认为，只有女孩才喜欢收拾房间，男孩整理卧室未免有点女性化。也有一些男孩，认为自己的任务就是学习，整理、打扫自己的房间，那是爸爸妈妈的事情。但事实上，可以说，在每天的24小时内，你最起码有三分之一的时间都是在卧室度过的，卧室是你休息、睡觉的地方，也是你肌肤接触最多的地方，如果不按时清洁，会直接影响身体的健康，也会影响到夜间休息的质量。做好卧室的清洁和整理工作，才能保证青春期的你们远离病菌，同时，干净、舒适的卧室也会令人身心愉悦。

男孩们可能做不到像女孩打扫卧室那么细致，但最起码要做到以下几点：

（1）坚持一星期一次大清洗。这主要是针对房间内的灰尘而言的，因为灰尘对人体的呼吸器官会造成严重的损害，灰尘颗粒可以导致人体患上哮喘、咳嗽和充血等疾病，因此，灰尘的打扫是必须的。

（2）做到定期清洗床上用品。其实，人体才是最严重的污染源，有些人说，白天的时候可用床单盖在床上，以防止灰尘落在上面。但每天当你回到家后，会不可避免地把外面的细菌和灰尘带回家。如果穿着外衣跟床接触，这些灰尘就会附着在床上。所以，要定期清洗床上用品。另外，宠物也会带入大量的细菌。总之，你要定期清理家里的通风口、排气管道。这

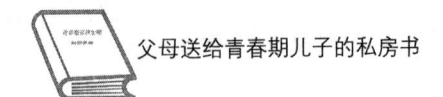

些都是传播细菌的主要渠道。不要在室内抽烟，抽烟时喷出的烟雾容易使空气中的灰尘滞留。

不要将空气清新剂或是香水喷洒在空气中。如果对花粉不过敏，最好还是买几盆鲜花，既装饰了屋子又可以使空气保持新鲜。

青春期多汗和脚臭怎么办

王刚一直酷爱篮球，无论是放学后还是周末，他都会和几个同学在球场上挥汗如雨。可是这些天，王刚不去球场了，一回家就闷在屋子里，王刚爸妈想："难道儿子生病了，怎么不打球了？"

"是不是现在都没对手了，不愿意和那些同学玩了啊？"王刚妈妈对儿子开着玩笑。

"不是，是我不喜欢篮球了。"王刚子低着头说。

王刚妈妈纳闷了，怎么可能？于是，她再问："你骗得了别人，可骗不了我，有什么难言之隐跟我说，或许我能帮上什么忙。"

"那好吧，其实呢，我发现自己好像是得了什么病，一去打球，出点汗身上就很臭，我自己都不舒服，更何况那些同学，他们肯定也不想跟我打球了。"

妈妈看着儿子一脸的稚气，不觉笑出声来。笑罢，她对王刚说："你要知道，一个真正的男人，才会有汗臭味，这证明你长大了，你应该高兴啊，他们也会羡慕你，怎么会讨厌你呢？"王刚子听了这些后，觉得妈妈说得很有道理，也舒心地笑了。

那么，男孩的汗臭味和脚臭味是怎么来的？

每个男孩都要经历青春期，不过有早有晚罢了。青春期的男孩，你身体上的变化可能不会和你的朋友们完全一样。青春期并不是一切都是美好的，也有一些令你苦恼的事情，也会有一些不太受欢迎的特征。

前文我们提过，人的皮肤有两种汗腺：一种叫小汗腺，分布在身体各处；另一种叫大汗腺，只分布腋窝、乳头周围、会阴部和脐周等处。在儿童时期，大汗腺没有发育，不会产生相应的分泌物。伴随青春期的到来，大汗腺开始大量分泌，腋窝大汗腺分泌物中的有机物被细菌分解后产生的不饱和脂肪酸会散发一种特殊气味。这不只是腋下，还有脚部、手掌心，甚至两腿间的汗腺。你产生的汗液越多，味越浓，而汗水变干后身上的气味会很难闻。那么，如何解决难闻的汗臭味？

（1）定期清洗是简单的去除汗臭味、恢复自身体香的有

效方法。

（2）在清洗的时候最好使用抗菌香皂，这样不但能够去污还能杀菌。

（3）清洗过后，可以使用一些止汗的香体露。

（4）经常更换袜子，穿透气的鞋子。

（5）经常洗脚并泡脚，以茶包煮水，再将脚浸入20~30分钟，擦干后撒爽身粉，可防止脚臭复发；也可以粗盐溶于水泡脚。此外，冷热交替地泡脚，有助减少流汗、防止脚臭。

（6）睡前以酒精擦拭脚部，再撒些除臭粉，然后用布包裹脚部，以诱发流汗；次日清洗脚部，再予以擦干。第1周每日1次；之后，每周1~2次。

出汗是一种调节体温、散热的方式，是一件再自然不过的事，尤其是青春期来临之后，相对于童年期，人体汗腺发育趋于成熟，因此，青春期男孩不必为汗臭味发愁，适当的措施可帮你解决出汗给你带来的苦恼。

牙口好才能胃口好，保护好你的牙齿

有一次，鹏鹏的爷爷奶奶带他来看牙医，医生一看到鹏鹏，就说："以后少吃点甜食和炸鸡那些东西，你这牙呀，完全是你自己给吃坏的,你自己照镜子没有,牙齿上都是窟窿。"鹏鹏志爷爷奶奶说:"都是我们的错,这孩子,从小体弱多病,我们就让他多吃,只要是他喜欢吃的,我们都给他买,这不,来的路上还买了薯片呢。"

"这牙疼还是小问题,要是真得了什么病就不好治了。男孩子,是男子汉嘛,更应该注意身体,以后还要孝顺爷爷奶奶和爸爸妈妈呢,怎么能这么小身体就不好了?你说是吗,小伙子?"

鹏鹏觉得医生说得很有道理,点了点头。

的确,一口好牙是健康生活的前提和保证,更是人们都希望拥有的,处于长身体阶段的青春期男孩,更需要有良好的口腔,才能保证摄入充足的营养。同时,牙齿健康与否也是身体健康的重要指标。事实上,一口好牙是要从保护开始的,牙齿疾病也是从预防开始的。那么,青春期的男孩们应该怎样保护牙齿呢?

1.清洁牙齿

清洁口腔是当今文明社交的需要,也是个人健康的需要。一般情况下,刷牙是为了清除牙菌斑、软垢、食物残渣与色素沉着,以保持口腔清洁,同时可以按摩牙龈、增进牙周健康。当然,每个人都会刷牙,刷牙方法也较多,但无论哪种方法,牙齿各面均应刷到,以有效的清除牙菌斑。其要领如下：

（1）刷毛指向根尖方向，刷毛与牙长轴呈45°角。

（2）刷毛的位置从一开始，刷毛顶端放入龈沟与牙邻面。

（3）水平方向短距离颤动刷牙，刷牙时轻度加压，使刷毛保持在龈沟内并伸入部分牙邻面。

（4）水平短距离颤动拂刷每个部位来回至少5次，刷牙范围约2~3颗牙。

（5）刷牙时要注意刷除龈沟与牙邻面的牙菌斑，也就是说刷毛要一直与牙龈有着十分密切的接触，因此，刷毛一定要细而软，回弹力与耐磨性能均应较好，故选用的牙刷绝不能是硬而粗的刷毛，否则容易损伤龈缘。来回刷时，勿用力过大，实际是将刷毛轻压入龈沟与牙邻面，来回颤动并轻轻地刷。

（6）每天应刷牙2次，每次每个部位刷10次（来回刷5次），刷牙时间因人而易，但不能少于90秒。同时要刷舌头，以保持口气清新，研究证明，口臭主要来源于牙龈沟内和舌背。

（7）刷完牙后自己用舌舔一下牙面，牙面光滑就说明菌斑大部分已清除。

2.保护牙齿的饮食禁忌

（1）经常吃过硬的食物，如骨头、硬壳食物等，会增加使牙齿崩裂的可能。

（2）经常喝高酸性食物，如可乐、汽水等，会使牙齿外层受到酸性物质的腐蚀。

（3）青春期男孩要拒绝烟酒，尤其是香烟内的尼古丁有很大的危害性，会削弱口腔内组织的康复能力，降低身体抵抗力，引起牙周疾病。

（4）进食的间隔时间不可过短，否则容易导致牙齿被蛀。

3.要定期进行口腔健康检查

龋病与牙周疾病发病的初期，并没有明显不适，当牙疼难忍前去就诊时，一般已进入疾病的晚期，因此，定期检查对早发现早治疗、防止牙齿丧失、保持牙列完整是十分重要的，提倡每半年检查一次口腔，至少一年一次。

总之，青春期的男孩，你需要记住，有效刷牙、使用含氟牙膏刷牙与窝沟封闭、定期检查是保持处于青春期的你们的牙齿健康所必需的。

青春期男孩要壮不要胖

周五晚上，小正深夜12点还在上网，他突然发现自己肚子极饿，就跑到厨房找了个面包吃了下去，然后倒头准备大睡。这时候，小正爸爸走进来，对他说："你这样'虐待'自己，下午那两个小时的锻炼岂不是全被这一个面包给吃回来了？"小正这才猛然醒悟，贪吃就是他最近横长的最直接原因，他总是这样：一是控制能力极差，二是健康的生活习惯完全被颠覆。

小正爸爸对儿子说："男孩子要健美，不但要运动，还要养成良好的生活习惯，像你这样，只会出现很多多余的脂肪……"爸爸说完，笑了笑。

每个男人都想拥有强健的身体，每个青春期的男孩也都希望可以发育得健美。称得上健美的身体，是由上而下稍有胸肌，双臀结实，腹部没有赘肉，小腿修长并稍有肌肉。男性健美的体态，可以通过健身运动和合理的饮食来练就。因此，青春期男孩要壮不要胖。

现代生活紧张忙碌，学生们学习压力大，平时进行运动锻炼的时间不多，这就需要男孩一定要注意饮食和合理的锻炼，二者缺一不可。那么，男孩怎样知道自己是不是胖了呢？

体重指数为体重（单位：公斤）除以身高（单位：米）的平方，例如，一个男孩体重65公斤，身高1.7米，那么这个男孩的体重指数为65除以1.7后再除以1.7得到的结果，大约为22.5，这个人的体重指数就是22.5。

一般认为，正常的体重指数为18.5到24.9之间，体重指数小于18.5属于偏瘦，体重指数在25到29.9之间属于超重，体重指数在30到34.9之间属于肥胖，体重指数大于或等于35属于病态肥胖。

体重指数并不是绝对的健康标准。有研究显示，有很多体重指数超标的人士多项健康指标正常。所以，即使你稍微发福，只要你的身体各项健康指标正常，就不必太过忧虑。但青春期男孩一定要拒绝肥胖，因为肥胖的确危害多多。

处于知识储备期的男孩们，肥胖会降低智商，过多的脂肪可能产生过量的激素，这些激素可能损害大脑，破坏正常的脑功能。肥胖还会使大脑血管壁变厚，血管变硬，影响血液循环，减缓大脑供血，影响大脑正常运作，降低记忆力和智力。另外，肥胖还容易导致呼吸道疾病和心血管疾病，增加头疼的概率等。这就要求男孩们：

饮食上，一般原则是早饭吃好，午饭吃饱，晚饭吃少。

以这样的原则，男孩在进食的时候，要注意不能偏食，不可暴饮暴食，坚持定时定量，不吃辛辣、刺激、油腻食品，多注意摄入水果、蔬菜、豆制品等高蛋白的食物。既要摄取足够的营养以保证身体需要，又要注意适当节制食量。

另外，要积极参加体育锻炼。男孩子是天生的运动健儿，有健才会美，保持适度的活动量，消耗多余热能，以避免体内热量过剩转变为脂肪积聚起来而形成肥胖。

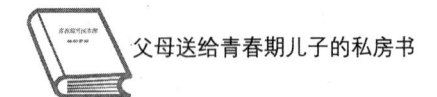

再者，有的青春期男孩肥胖与家族性肥胖有关。家族性的肥胖聚集倾向并不一定是基因遗传引起的，也可能是因为家族在长期共同生活过程中，不科学的饮食习惯代代相沿难以改变所致。所以，全家养成良好的饮食习惯对后代是很重要的。

要避免肥胖、强壮身体，除了要合理饮食，还要合理锻炼。但亲爱的宝贝，运动一定要以自身条件为依据，适量即可，同时注意技术动作规范，采取足够的安全保证，以免造成身体伤害。

男孩如何保养皮肤

冬冬是一名初中二年级的男生，青春期的他有很多苦恼，其中就包括脸部的油脂分泌过多，他总感觉自己的脸油乎乎的。为此，他悄悄去买了些控油的产品回来洗脸。恰好，这天他洗脸时，被妈妈看到了。

"冬冬，你这款产品不适合你，这是青中年人用的，会伤害皮肤，青春期的男孩是需要保养皮肤，但要用对方式和产品。"妈妈语重心长地说。

青春期的到来，让男孩女孩的身体有了天壤之别，其中就包括皮肤，女孩的美丽需要留住、需要保养，男孩同样如此。一般情况下，皮脂腺的分泌，导致很多男孩的皮肤过油，尤其是痘痘的出现，更是让男孩苦恼。

的确，每个男孩都希望自己成为一个男子汉，可以一展自己的男性魅力，但事实上经常事与愿违，学习的紧张，饮食的不均衡，环境的污染及紫外线的照射，生活的不规律，男孩青春的面庞变得灰暗、皮肤粗糙、痘痘肆意横行……这一切都让这些小男子汉太没"面子"了。

那么，青春期男孩该怎样保养自己呢？

男孩要从以下几个方面保养自己的皮肤：

（1）多喝水，为皮肤补充水分。皮肤健康与否，一个重要的指标就是是否缺水。一个健康人每天最好用200毫升容量的杯子喝上6杯水。

（2）杜绝烟酒。要想你的容颜洁净有光泽，男孩一定不要吸烟。因为，香烟中含有多种有害物质，如尼古丁、焦油、一氧化碳等，它们都会损害人体健康，令皮肤灰暗无光。嗜烟如命的人，轻则面容灰暗干燥、多皱纹显苍老，牙齿焦黄发黑，视力、听力减弱，重则罹患癌症。同样，酒也是如此，对皮肤也有刺激作用。

（3）保证睡眠质量。现代医学研究证明，睡好觉是保证健康乃至美容的重要条件，经常熬夜或者失眠的人容易衰老，包括皮肤衰老在内。特别是夜间12点到翌日凌晨3点这段时间，皮肤细胞代谢快，"以旧换新"的速度是清醒状态下的8倍多，故享有"美容睡眠期"的雅号。换言之，要想皮肤永葆青春，尤其要注意这段时间的睡眠，切不可错过。

（4）做好皮肤清洁工作，正确清洁皮肤。洗脸时，要注意由里向外、由上到下，双手用力适度，用手指指腹按摩或轻拍脸部，洗脸时以流动的温水为佳。双手不要过于用力，否则长时间后会使皮肤松弛下垂。早晚各用2~3分钟仔细地洗洗脸，会使面部皮肤洁净收紧、增加弹性。

同时，最好用专门的洗面奶或凝胶洗脸，以对皮肤起到很好的清洁作用，因为普通香皂会破坏皮肤表层，刺激皮肤。要定期进行深层清洁，以祛除多余油脂、污物，促进血液循环，改善容颜。

（5）防晒防冻。女孩的皮肤要保护，男孩也一样，夏日出门不要忘了准备些防晒油、霜之类的防护品，以防皮肤晒伤。冬季出外时要涂些油脂或防冻膏，以防面部被冻伤或皲裂。晚上临睡前涂些滋润霜，如果嘴唇干裂，可涂点唇膏，使皮肤得到充分的营养而保持湿润光泽。

总之，护肤不再是女性的专属词汇，男性也需要，尤其是处于青春期的男孩们，更要及早地关注自己的皮肤，让自己拥有健康的皮肤，这样才会神清气爽。

青春期如何增强记忆力

这天，妈妈在看电视，涛涛走过来，对她说："妈妈，我是不是老了啊？"

"怎么了，儿子？看你好像心情不大好。"

"我发现自己好像记忆力很差，刚背的单词都会忘，不是只有老年人才没什么记性吗？要不就是我太笨了。"涛涛很委屈地说。

"不是的，青少年需要学习的记忆的内容太多，难免忘了一些，以妈的经验，你可能是没有选择对的记忆方法，另外，你还需要补脑……"

记忆，就是过去的经验在人脑中的反映。它包括识记、保持、再现、回忆四个基本过程。其形式有形象记忆、概念记忆、逻辑记忆、情绪记忆、运动记忆等。

记忆力差是很多青春期男孩苦恼的事情之一，课上学的知识很快就忘记了；有时候一个单词本来已经熟练地记下了，可很快就忘记了；做事丢三落四……这些都是因为记忆力差。事实上，记忆力也是可以增强的。

古今中外，很多名人学者都很注意用各种方法来锻炼自己的记忆力。比如，俄国大文学家托尔斯泰说过："我每天做两种操，一是早操，一是记忆力操。每天早上背书和外语

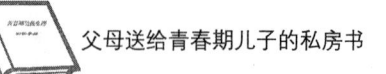

单词,以检查和培养自己的记忆力。"托尔斯泰的"记忆力操"实际上就是反复"复现"。只要你有计划地"复现",你的记忆力一定会不断增强。

提高记忆力,除了前面我们已经阐述的十种方法外,你也要注意:

1.养成良好的饮食习惯

科学研究证实,饮食不仅是维持生命的必需品,在大脑正常运转中也发挥着十分重要的作用。有些食物有助于提高人的智力,使人的思维更加敏捷、精力更为集中,甚至能够激发人的创造力和想象力

2.注意补脑

一些健脑食品,其实是常见的物美价廉之物。如蛋黄、大豆、瘦肉、牛奶、鱼、动物内脏、胡萝卜、谷类等。这些食物不仅含有丰富的卵磷脂,且容易消化,对儿童脑髓的发育也有积极的作用。

(1)牛奶。牛奶是一种近乎完美的营养品。它富含蛋白质、钙及大脑所必需的氨基酸。牛奶中的钙最易被人吸收,是脑代谢不可缺少的重要物质。此外,它还含对神经细胞十分有益的维生素B_1等元素。因用脑过度而失眠时,睡前一杯热牛奶有助于入睡。

(2)鸡蛋。大脑活动功能、记忆力强弱与大脑中乙酰胆

碱含量密切相关。实验证明，吃鸡蛋的妙处在于：当蛋黄中所含丰富的卵磷脂被酶分解后，能产生出丰富的乙酰胆碱，进入血液又会很快到达脑组织中，可增强记忆力。国外研究证实，每天吃1~2只鸡蛋就可以向机体供给足够的胆碱，对保护大脑、提高记忆力大有好处。

（3）鱼类。它们可以向大脑提供优质蛋白质和钙，淡水鱼所含的脂肪酸多为不饱和脂肪酸，不会引起血管硬化，对脑动脉血管无危害；相反，还能保护脑血管，对大脑细胞活动有促进作用。

3.不抽烟、喝酒

尤其是酒精，会对神经产生麻痹作用，但可以少量地饮些葡萄酒，因为葡萄汁中的抗氧化物质含量高过其他任何水果和蔬菜，且可以提高神经系统的传输能力。除了益寿延年，葡萄汁还可以在短期内提高记忆力。

走路要正，背要直

这天，东东跟妈妈一起逛街，妈妈发现儿子走路有点驼背，便想纠正他的走路姿势。

"儿子，你给自己的外表打个分吧，100分的话，你觉得有多少分？"妈妈说。

"80分吧，我觉得自己挺帅的。"儿子很自信地说。

"那肯定，你有我的基因嘛！不过，我觉得你要是走路时抬头挺胸、挺直腰背就更帅了，你看那些真正有魅力的男人，都是站如松、行如风的。"

"妈，我发现你现在说话喜欢拐弯抹角啊，其实你可以直接说我要矫正走路姿势嘛！不过，我虚心接受，下次我走路姿势不正确时，一定要提醒我。"

每个人心中都有个美丽的梦，都希望自己有好气质，男孩同样是如此，而这种气质更多的是由后天培养而成的。很多青春期男孩，由于不注意平时坐立行走的姿势和体育锻炼，普遍存在肥胖、驼背、塌肩等问题，如果在青春期不及时纠正，可发展为骨骼变形，对个人形象和健康造成不可弥补的损害。

每个青春期男孩都是阳光、帅气的，但一定要站如松、行如风，正确的行走姿势不仅关系到一个男性的风度，也关系到个人健康问题。

走路抬头挺胸是有好处的，有利于周身与大脑的气血回流，也就是说，抬头挺胸地走路，能让大脑得到休息的机会，这个姿势使低头工作的状态变为"阳气升发"的抬头状态，正好补偿了人因为低头学习给大脑造成的紧张以及气血流通不畅。低头走路造成的结果就是阳气不升，乃至影响大脑正常的气血供应。

有一些人走路含胸、弯腰，这样的走路姿势会让经脉得不到很好的舒张，身体得不到应有的供氧。

此外，这种走姿所造成的脊柱问题，会反射到大脑，有很多青春期男孩没有注意到自己走路的姿势，低头、弯腰、外八字……这些走路姿势不仅难看，还会影响大脑的健康。

外八字走路有碍阳经，使肝、脾、肾脏气血紧张，血流不畅，影响大脑血液的供应，造成大脑血液回流不畅。内八字则影响胆、胃和膀胱的经络，而这些经络均在脊柱的周围，脊柱周围气血不畅，一样影响大脑的血液循环。

青少年常体现出的侧颈、斜肩的走路姿势会影响督脉的气血运行，造成气血不周、阳气不升。

纠正不良的走路姿势，先从纠正站姿做起。你可以在家里对着大镜子自我检查。人在照镜子时会不自禁地挺胸抬头。然后在走路时有意保持端正的姿势，做到不偏不斜、不前倾。

走路时的正确姿势应该是，双目平视前方，头微昂，颈正直，胸部自然前挺，腰部挺直，收小腹，臀部略向后突，步行后蹬着力点侧重在跖趾关节内侧。

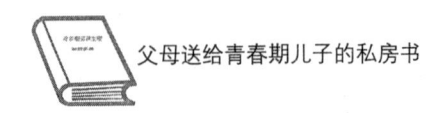

科学方法可以增高吗

小小是个很懂事的男孩,学习成绩也很好,一直是班上的"学霸",但他不喜欢和班上的男同学一起打篮球——并不是因为他不喜欢打篮球,而是因为,他已经15岁了,身高才一米六,和那些高个子男生在一起,他觉得自己显得很矮小。而这一点,他的妈妈王太太并不知道。

"小小,你为什么放学就回来,也不去运动运动、打打球呢?"王太太经常问这个问题。

这天,因为没拿到第一名,心情极度不好的小小终于道出了心里的想法。

王太太听后,抱了抱儿子,对他说:"乖宝贝,你放心,你的身高矮只是暂时的问题,你比其他人发育晚点而已,你看,你才十四岁,别人都十六七岁了,对不对?另外,你看爸爸妈妈身高都不差,你不会是矮个子的。再者,要想长高,妈妈帮你,你看怎么样……"

和案例中的小小一样,很多男孩也希望自己能增高,但你不要因为害怕自己长不高而去采取一些急功近利的方法,比如药物治疗等,这都是不正确的,增高是一个持续但不均匀的过程,不要盲目地追求快速的增高方法。吃增高药和一些所谓的保健品有可能导致青春期提前结束,最终反而长不到理想的高度。俗话说"物极必反",正是这个道理。

专家指出,增高的方法因人而异,最科学的增高方法是运动加营养。营养是良好生长发育的前提;而运动可以促进生长激素的分泌、促进代谢,使青少年长得更高。

青春期的男孩要想长得高些,必须先知道人体长高的奥秘。

毋庸讳言,每个青春期男孩都希望自己身材高大。那么,如何才能实现这个美丽的愿望?身体高度能不能增加呢?一般情况下,科学增高是可以达到目的的。

(1)要有良好的饮食习惯,注意饮食健康,营养很重要,不可偏食,另外,也不能暴饮暴食。

对于青春期的男孩来说,不能不吃早餐。这会影响生长发育。另外,要多吃含蛋白高的食物。尽量保证足够的牛奶,还要多吃果蔬。

(2)保证睡眠,多休息,既要学习好,也要注意劳逸结合。

(3)多了解一些身体发育的知识。多读读关于矮身材研究及与身高生长发育的书,读不懂可请教医生,增加知识,用科学指导自己行动。

(4)多锻炼,坚持合理的运动。比如,打篮球。每天持续1~2小时适量体育运动,在一定时期内可使体内生长激素含量明显增加,随着血液中生长激素含量的增加,管状骨生长区将变得更为活跃,从而增加身高。

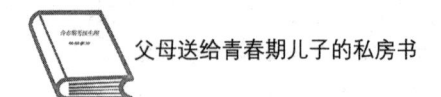

（5）保持身心健康。情绪稳定，无忧无愁，有利生长发育。

因此，青春期男孩，长得矮不要害怕，运用科学的方法是可以增高的，即使长不高，也无关紧要，要知道，只要你有充盈的内在，身高并不能阻止你成为一个受欢迎的人！

天气变化，增强免疫力

"妈妈，我又感冒了。感冒药呢？"皮皮一边打喷嚏，一边找妈妈。

"你吃感冒药可以吗？每次都要熬到打点滴才能解决问题。"妈妈问。

"没事，先试试吧。不过妈妈，为什么我老感冒？尤其是到了换季的时候。"皮皮问。

"因为你免疫力差，我想该找找办法帮你提高免疫了。"

进入青春期的男孩虽说已经慢慢长大，但青春期也是个过渡期，尤其在身体的发育上。其中，就包括免疫系统的发育，尤其是在季节交换的时候，男孩要适应天气，避免得流感、热感等免疫系统疾病。

实际上，免疫力是可以通过改善生活习惯来提高的，我们不妨看看以下几种方法：

1.多喝水、多运动、多休息

多喝水：成人每天必须摄取大约2000~2500毫升的水分，这样才足以促进体内新陈代谢。

多运动：步行、游泳或骑脚踏车等都是很好的有氧运动，毕竟，有健才有美，只有拥有健康的体魄，才能维持理想的体重，才能有充沛的活力对抗病毒！

多休息：男孩们，该睡觉的时候就要睡觉，该起床的时候就要起床，顺应人体的生理时钟，保证充分的睡眠和作息，才能保持身体的免疫力，对抗病毒！

2.营养均衡

养生已经成为现代人的一大追求，可这一点，在健康饮食意识淡薄的青少年身上，似乎并不明显。只有饮食健康，才能增强身体的免疫力。为此，青春期的男孩们一定要做到营养均衡。

营养均衡的原则其实很简单，每天摄取主食大约3~6份、油脂2~3汤匙、蛋鱼肉豆类大约4~5份、牛奶2杯、蔬菜至少3份、水果2份。很多青春期的男孩，因为紧张、忙碌的学习，只吃某些主食；也有一些男孩，只图嘴上痛快，不在乎吃得健康与否，身体的各项健康指标都不达标，成为亚健康人群中的一部分。总之，男孩要提醒自己每餐一定要吃蔬菜水果，并且饮食要多样化，不要总是吃某些特定食物，这样容易造成营养的偏废。

3.忌喝酒和少辛辣、油腻食物

食物犹如一把刀,可以救人,亦可以杀人。因此,有一些会降低免疫能力的食物,最好少吃,否则,不但会干扰免疫细胞的活力,甚至会抑制淋巴球的形成,使免疫机能受损。

忌喝酒:喝酒会严重地减弱各种免疫细胞的正常功能,同时也会影响肝脏以及胰脏的机能。除了酒之外,烟、咖啡、毒品等,不但会降低人体免疫力,还对人体有害,因此,拒绝与这些东西往来绝对是上上之策。

少油脂:吃东西太油,尤其是摄取太多不良脂肪,会妨碍免疫的能力,使体内免疫细胞变得慵懒而无法发挥功能。因此建议,减少烹调用油量及高脂肪、高盐的摄取,尤其是油炸的东西和肥肉,应尽量少吃。

少辛辣:辛辣的食物会对人体的各个消化功能产生刺激,尤其是胃,大部分人患胃病都与喜食辣味食品有关。

最后,要保持良好的心情。古谚说"一笑治百病",用积极的人生观面对生活,适度地纾解压力,多接近大自然,多笑一点,更是各种增强免疫力方法的绝妙搭挡!

第07章　身体是革命的本钱，男孩要学会健康生活

修养自己的快乐之道

在某学校的初中三年级，有个特殊的男孩，他叫小勇。他曾出过车祸，左边胳膊手术无效而导致肌肉萎缩，很多事情都不方便，但是他每天脸上都带着微笑。

有同学问他："你为什么这么高兴？"

他说："那有什么不高兴的呢？"

"你的左边胳膊不方便啊？"

"可是我右胳膊还是很好用啊！"

他总是这么积极乐观，同学们都喜欢跟他做朋友。

小勇确实是个值得人敬佩的男孩，每个青春期男孩都应该学习他这种乐观的心态。

有人将青春期称为危险期，很多处于青春期的男孩承受着许多心理冲突和压力，处于各种心理矛盾的包围中。这使得很多青春期男孩心情不好，乃至生活和学习都受到影响。如果这种不快的心情长期不能得到排解，男孩很有可能在情绪情感、性格特征及日常行为等方面出现种种问题，甚至出现较严重的心理及行为偏差，乃至精神疾病。因此，这是一个充满危机和挑战的时期。男孩要记住，心情好。一切都好。那么，心情不好的时候，该怎么办呢？

1.自信是好心情的基础，是快乐的源泉

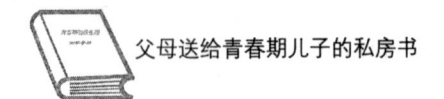

所谓快乐，越快越乐，越乐越快。形成一个良性循环，就不难拥有良好的心态，也就能控制自己不快的情绪。

拥有自信，就拥有了快乐与开心的资本。俗话说得好：尺有所短，寸有所长。每个人各有所长，各有所短，每个人都有自己的优点与别人不能企及的地方。因此，青春期的男孩们，不要总是盯着自己的缺点、短处和现在，而要学会欣赏自己，多看自己的优点、长处和未来。总之，要想办法让自己自信，自信就能快乐，快乐就能发掘潜能、就能高效。

2.懂得正确地宣泄自己的不良情绪，以减轻心理压力

要敢于把自己不愉快的事向知心朋友或亲人诉说。当极其忧伤时，哭泣、读诗词、写日记、看电影、听音乐都是常见的宣泄方式。节奏欢快的音乐能振奋人的情绪。

3.扩大交往范围，摆脱孤独

每个人都有一种归属的需要，都希望被人认同、找到一种社会归属感，并希望从团体中得到价值的认定。研究发现，人际交往有助于身心健康。当你真诚地关心别人帮助别人、无私奉献自己的一片爱心时，你会欣喜地发现，你获得的比你给予的更多。千万不要因为怕别人不高兴而把自己同他人隔绝开来，孤独只会使抑郁状态更加严重。

青春期是每个男孩为人处世之道形成的重要时期，因此，男孩们要注意修养自己的快乐之道，并把快乐传递给周围

的人。从现在起，做一个快乐的人，并且把你的快乐传递给你的父母、老师和同学，形成一个良好的快乐的学习氛围，这对于青春期的成长是很有利的。

第 08 章

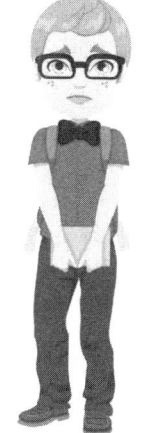

美丽的青春期，男孩要杜绝不良行为

我们都知道，随着身心的成长，每个青春期的男孩都开始形成自我意识，但这个阶段的男孩缺乏社会经验、不成熟，很容易被社会上一些反动势力或者犯罪组织诱惑，甚至会参与赌博、吸毒等活动。青春期是人生最美好的时光，本身是健康、阳光的，一旦染上这些恶习，青春就会失色，人生也会暗淡。因此，青春期男孩，在面临一些不良诱惑时，一定要学会把持住自己；不涉足那些禁区，爱惜自己，这样，你的青春期乃至整个人生才会健康向上！

青春期要杜绝吸烟喝酒

小军今年15岁,初三,但已经学会了抽烟。

他的爸爸回忆说:"我第一次发现他抽烟,是半年前的事了。那天,我发现,我买了一包烟,放在客厅的茶几上,还没抽几根,就没有了。后来,我在亮亮的房间发现了烟头,才知道,这小子居然偷偷开始抽烟了。再后来,我给他的零花钱,他总说不够花。那天,我下班很早,就顺便去他学校接他放学,结果却看到他跟自己同学在操场墙角处抽烟。我当时真是气不打一处来,当场把他带回家好好教训了一番。可是,我还没说几句,他就反过来教训我:'你要是能把烟戒了,我也戒。'"

在中国,烟酒的文化是长盛不衰,而且,随着物质文化生活水平的提高,烟酒的消费也越来越低龄化,一些青春期的男孩女孩,也把抽烟喝酒看成一种赶得上时代步伐的表现,酗酒、抽烟的现象也开始在校园内蔓延。而烟酒似乎在男孩们中更为"流行"。一些男孩到了青春期,就认为自己长大了,也应该有一些男人们有的权利,如抽烟、喝酒等,其实,青春期正是长身体的阶段，并未发育成熟，烟酒对发育期的身体有很大的危害。

1.吸烟的危害

卷烟燃烧时所产生的烟雾中，可分离出很多有害的成分，主要的有尼古丁、烟焦油、一氧化碳、氯氰酸等。吸烟对人的危害极大，尤其是对长身体的男孩们的危害更大。

（1）香烟中含有大量的氯氰酸，这是一种致癌物质，长期抽烟使肺癌的发病率提高。

（2）香烟中的一氧化碳是一种无色无味的有毒气体。这会使得抽烟者降低血液的带氧能力，造成组织缺氧。青少年身体发育未完全，吸烟会影响青少年大脑的活动能力。

（3）尼古丁的危害更是大，它会使小血管产生收缩，乃至引起心血管病变。此外，它还可以直接削弱心脏的收缩力和损害脑细胞，导致记忆减退、头痛、失眠等。

青春期吸烟对男孩的身体的危害更为明显，这是因为他们正处于迅速生长发育阶段，身体各器官系统尚未成熟，比较娇嫩，自身抵抗力不强，对各种有毒物质的抵抗能力比成人更差，多半会吸收进去，且比成人更容易吸收，其所受危害当然也就更深。吸烟的青春期男孩患咳嗽、肺部感染的比例明显高于不吸烟者。青春期吸烟还可导致早衰和早亡及影响下一代的发育。

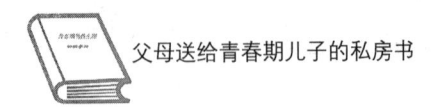

2.酗酒的危害

酒有解除疲劳、增进食欲、帮助消化的作用，但是过量饮酒对身体有害。青春期尤其不宜饮酒。

（1）首先是对肠胃功能以及所有消化系统的损害：酒精刺激胃肠黏膜，可造成胃酸过多、胃出血、腹泻、便秘等病症。

（2）酒精对肝脏的危害也极大，酒精中毒可造成急性脂肪肝、酒精性肝炎、肝硬化等。

（3）刺激甚至伤害神经系统。

对于青春期的男孩来说，他们正处于生长发育时期，酗酒的危害更大，除了以上危害外，还会使肌肉无力、性发育受到影响。有些男孩为了表现自己的"潇洒"，喜欢边饮酒边吸烟，这样对身体的危害更大。

紧身裤真的好吗

最近，学校掀起了一阵紧身裤潮流，不仅是女孩，男孩们也是，来了个集体大换装，这是因为最近新播了个电视剧，里面男女主角都以紧身衣裤亮相，成为学生们心中新的偶像。很多班主任老师发现这点后，都准备对学生进行一番教育。

第08章 美丽的青春期，男孩要杜绝不良行为

这天，上课前，某班班主任老师说："同学们，我知道青春期是爱美的季节，但也是长身体的时候，就拿大家最近都热捧的紧身裤来说，可能你们不知道它的危害……"

明星效应和广告媒体的引导、示范作用，导致当今社会很多青春期的少男少女有一套自己的审美理念，那就是跟着时尚走。很多青春期男孩，追求个性、时尚，如穿紧身裤，很多青春期男孩认为这样能穿出身材、穿出时尚，殊不知，紧身裤对发育期的你们有不利影响。

这里要从睾丸的发育特点谈起。胚胎期睾丸位于腹膜后，阴囊也没有形成；到出生时，阴囊形成，睾丸下降到阴囊内。

睾丸之所以不像卵巢那样藏在体内，而要悬在体外，是因为睾丸所处的阴囊中的温度比体内低$1.5 \sim 2.5℃$，那样的温度才有利于睾丸的正常发育。有实验证明，如果用人工的方法使动物睾丸的温度升高，会引起睾丸产生精子的组织变性。

因此，如果穿紧身而不易透气的裤子，把睾丸和阴茎紧紧挤在裆的体壁上，就等于是人为地给睾丸加温。

此外，青春期男孩在夜间穿紧身内裤对生殖器同样有很大的危害：一般来说，白天，由于紧张的学习生活，并且可能伴随其他各种活动，加上性道德观念的制约，阴茎基本上是处于被压制的状态。而夜间，男孩子们终于结束了紧张的生活，可以放松自己，当大脑处于充分休息状态时，使阴茎勃起

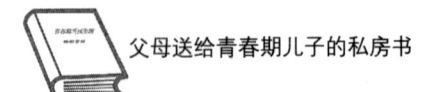

的神经常常解除抑制,使阴茎一阵阵地处于勃起状态,阴茎的夜间勃起,表明它的发育处于正常状态。穿紧身内裤会约束阴茎的勃起,这种约束可能会引起频繁遗精。

如果遗精是精满自溢这种形式的,完全属于正常生理现象,可听其自然不去理会它。但如果是人为原因造成频繁遗精,就不属于正常现象了。频繁遗精可以引起失眠、头晕、疲乏、精神不振等症状,因而会影响学习和正常生活,还可能造成一些心理负担。

再者,睾丸、阴茎的体积在青春期正在迅速生长,成人睾丸体积是青春期以前睾丸体积的17~50倍,成人阴茎体积是青春期以前儿童阴茎体积的10~14倍。如果给它们加上紧箍咒,等于是妨碍了它们的生长。诚然,年轻的男孩穿上紧身仔裤会显得帅气,可付出的代价也是高昂的。

染发不适宜,自然最帅气

王先生的儿子叫王威,在同龄的男孩中,他始终是走在"时尚前沿"的一个。这不,有一个星期天,他并没有和同学一起去打球,而是神秘地"失踪"了一天,到晚上的时候,他神采飞扬地跑来找好友小伟,问小伟:"怎么样,我这发型?"

第08章 美丽的青春期，男孩要杜绝不良行为

"你把头发染了？"小伟诧异地问。

"是啊，你不是看见了吗？怎样，我这色儿？"王威还在炫耀着。

"你不怕你爸妈扒了你的皮？我们才十几岁呢！"

"大不了一顿骂，我们这个年纪不打扮，会被人认为是老土的。你看，我们学校好多初一、初二的男孩都把头发染了，我们做师兄的应该带点头嘛！"王威开着玩笑。

"可是，你明天怎么面对老师呢？万一老师要你染回去怎么办？"

"是哦，我怎么没想到呢？我爸妈的话可以不管，老师可不是好惹的，要真是要我染回去，我就说我这是定型定色的，染不回去了，他也没办法。"

"我劝你还是染回去吧，染发好像对身体不好哦，我们上网查查吧！"

上网搜了很多资料后，王刚的确看到好多关于青少年染发伤身体的评论，当天晚上，他就跑到理发店，恢复了头发的颜色。为这事，王威花去了一个月的零花钱，后悔不迭。

随着生活质量的不断提高，外表越来越为人们所重视，走在大街小巷上，不难发现，染发，特别是染彩发，已经成为一种消费时尚很多青春期的男孩也成为这其中的一分子。事实上，染发对处于成长期的你们来说，并不适宜，自然的才是最

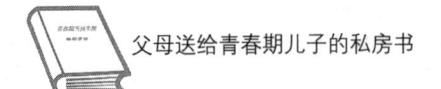

美的。最重要的是，染发危害很多：

其一，对身体危害很大，因为染发剂中有致癌物质。

在使用染发剂时，一般会将它们混匀再涂抹在头发上，但在混匀的时候，实际上是一种化学反应的过程，随后，会产生高浓度的有害气体——二噁咽。二噁咽是被公认的一种强烈的致癌物质。

它致癌的机理是：通过呼吸道进入体内，并在肌肉中长期滞留难以分解，干扰人体内分泌，雌性激素和甲状腺激素均受到干扰，长期接触将导致人体基因变异畸形，诱发癌症等疾病。

其二，还有一种染发剂，是永久性的。其刺激性和毒性在化妆品原料中属较高者。有些人染发时头发外围、耳边、头皮等部位会过敏，甚至会出现头晕、恶心等症状，就是因为这个原因。

其三，氧化剂是染发剂的重要组成部分，它对头发角质蛋白的破坏力极大，易对头发造成损伤，经常使用会使头发枯燥、发脆、开叉、易脱落。

这是一个爱美的年代，但青春期的你，自然的才是美丽的、帅气的，一头干净的黑发才是最适合你的，才是最健康的！

第08章　美丽的青春期，男孩要杜绝不良行为

沉迷网络，有损身心

程强最近在网上发现了一个很好玩的游戏，孩子毕竟是孩子，对什么产生兴趣之后，就一门心思扑在上面，吃饭的时候，爸爸叫了他几次都没反应。

晚上吃完饭，爸爸把儿子叫到身边。

"儿子啊，你这个年纪，的确爱玩，这当然没错，但是你发现没，你最近玩游戏已经有点影响学习了。"

"是吗？"

"是啊，你看，你以前10点之前就能上床睡觉，可是现在要熬到12点才能完成作业，上次测验成绩也是大幅度下滑啊！"

"是啊，这倒是。可是，这个游戏是新出来的，很多人都在玩，我也想玩。"

"要不，你看这样好不，以后每天晚上，饭前的时间电脑归你玩，你可以玩游戏，饭后，我就把笔记本搬到我的卧室，我们父子俩分开玩，以后我们还可以交流游戏心得，这就不耽误你的学习了，你说好不？另外，我觉得，以后上网呢，还是尽量多以学习为主，你说是不？"

"爸爸，你真是太厉害了，好，我答应你。另外，这次期中考试你就看好吧，我一定拿个好成绩给您看看！"

作为青春期的男孩，你不但该佩服这位爸爸的教育方

法,更应该向程强学习,学会正确地上网。

现代社会,随着人们对信息的重视程度越来越高,一个人对互联网信息掌握得越多,似乎就越时尚,这种观点在青春期的少男少女中更为明显,"上网"似乎是一种时尚的生活方式。

的确,网络的作用在现代社会中已经无可代替,但同时,它也毒害了这些成长期的孩子青春期的男孩更热衷网络游戏,有些男孩甚至上网成瘾,以致"衣带渐宽终不悔,为网消得人憔悴",网吧成了他们的第二课堂。

网络的作用自不必说,主要是传播信息,对于学生来说,还可以交流心得,获得知识。但青春期的男孩们,你们要明白,你们不能沉迷网络,沉迷网络会对你们的身体、智力、心理等各方面产生消极的影响。

(1)身体素质方面:那些经常沉迷于网络的男孩,球场上没有他们的身影,公园里没有他们的身影,他们由于长期待在网吧,以致情绪低落、疲乏无力、食欲不振、焦躁不安、血压升高、植物神经功能紊乱、睡眠障碍等,而锻炼的缺乏更是让他们的身体素质逐渐变差。

(2)心理素质方面:长期上网会导致男孩不愿与人交往,逐渐变得性格孤僻,也就是人们常说的"网络孤独症"。也有一些男孩,把所有的精神娱乐都放在网络上,并开始"网恋"，认识一些社会不良人士，并陷入这些情感纠葛中，严重的甚至出现精神障碍、自杀等情况。

（3）智力素质方面：网络是多功能的，很多青春期男孩上网并不是为了学习，而是为了玩网络游戏和聊天，于是，他们逐渐失去学习的兴趣，开始迷恋网络。他们正常的学习、生活秩序遭受破坏，学习时间无精打采，学习成绩下降，有的甚至厌学、逃学、辍学。

因此，青春期的男孩们，一定要学会有规律、有目的地上网，学习才是青春期的主要任务，网络只是一个获得信息的渠道，不能沉迷于此。

"黄毒"让花季失去色彩

这天放学后，班主任刘老师准备下班回家，看见班上的男生刘明在操场拐角处神神秘秘地跟人家通电话。刚开始，刘明称跟他通话的女生是他的表姐，后来，老师故意问出一连串的问题，刘明开始语无伦次，最后不得不承认，跟他通电话的那个女孩不是自己的表姐，而是自己在网上交的女朋友，那女孩给他打电话是要给他一个光碟。老师顿时明白了，估计，单纯的学生被骗了，这是黄毒。后来，老师证实，那个女孩给刘明的，的确是一张黄色光碟。

在老师的劝导下，刘明才逐渐明白自己差点成为黄毒的牺牲品，不禁后悔不已清醒认识到网络的危险后，刘明开始注意了，不再浏览一些黄色网页，也不再随便和网络上的人聊天，他的父母发现儿子开始懂得是非黑白，心里宽慰多了。

的确，处于性启蒙期的青春期男孩，开始对性知识有了很多的好奇，但很多青春期男孩并不是通过书本、父母等正常渠道得到这些性知识，而是通过网络，他们比女孩子更容易受到诱惑，这令他们很容易陷入一些黄毒的泥潭不可自拔。

大千世界五光十色、无奇不有，在我们的周围存在着很多很多的诱惑。在我们的生活中，有很多美好的诱惑，激励我们去追寻；同时，也有许多干扰我们成功、影响我们幸福生活，甚至严重危害我们身心健康的诱惑。有些诱惑成年人都无法拒绝，更何况青春期的男孩们。那些不良诱惑有时就像"吸血蝙蝠"，让人舒舒服服地上当，在不知不觉中成为它的俘虏。这其中就包括黄毒。因此，青春期的男孩们，必须学会分辨并自觉抵制社会生活中的黄毒，这样才会有健康幸福的生活、学习和未来；否则，将会为之付出惨痛而沉重的代价。

青春期，是人生的迷茫期，的确很容易被黄毒诱惑，男孩只有做到自我抵制，才能将黄毒拒之于千里之外。社会、家庭、学校承担着应有的责任，但是，要从源头上抵制，还要青春期的男孩们做到有良好的自制力，好好把握自己，这是最不可忽视的一个环节。

那么，青春期的男孩们，应该怎样抵制黄毒呢？

（1）遇到黄色的东西，如黄色、淫秽影碟，裸体书画、印有裸体女人的扑克等，一律交大人处理，及时告诉老师或家长，让自己平静下来，不受其影响。

（2）与周围的同学和朋友的话题要避开黄色。

（3）不要到经营录像的游艺厅去看录像，也不要随意看家长借来的影碟。

（4）如果有人向你兜售影碟和光盘，坚决不要理睬他们，更不要听信他们的花言巧语。

（5）经常参加有益身心的活动，如登山、游泳等，这些健康活动是驱除黄毒的灵丹妙药。

（6）要加强体育锻炼，和女同学健康交往，多参加集体活动。

对黄毒的舆论谴责和依法整治，是断不可少的。不过，最要紧的还须从治本着手，即青春期男孩的自我抵制，要认识到识黄毒的危害，识美丑、辨是非，从而不接触、不欣赏、不沾染、不模仿，自觉抵制黄毒的侵袭。只要男孩增强了自身的免疫力，什么黄毒、白毒乃至各种社会病毒，也就无从逞其威、肆其虐了！

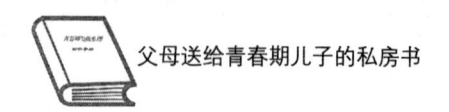

毒品，是吞噬美好青春的恶魔

某中学又举办了一个拒绝毒品的讲座，以便让学生了解到吸毒的危害。那天，小伟坐在台下，认真地听着老师讲。

"14岁的黄进染上毒瘾，先后把家中价值10万元的财物拿去变卖，为了勒索财物，他经常在家大吵大闹，殴打八旬的祖母。一天，他扬言：如果不在规定的时间给3000元钱，他就会叫'道友'将全家杀绝。母亲一怒之下一把揪住黄进，喝令在家的女儿、未婚女婿一起动手，勒死了她唯一的儿子黄进，一个好端端的家庭就这样被毁了。"老师在台上情绪激动地讲着。

的确，许多血淋淋的故事警示青春期的男孩们："一人吸毒，全家遭殃。"毒品让人丧失一切人性，为了吸毒，有人可以弑父杀母，有人可以自残、可以抢劫。

青春期的男孩们未来是要担任几重责任的，强健的身体、阳光的心态是这一切的保证，而毒品就像白色恶魔，离这些阳光灿烂的男孩并不远，它随时都会侵害男孩。

有这样一组数据：

2003年国家药物滥用监测报告书说，青少年吸毒人群中20岁以下的占19.9%，21~30岁的占55.6%；首次吸毒年龄在30岁以下的，也有75.5%。中国青年发展报告（1995—2004年）称，十年间官方登记在册的、35岁以下青少年吸毒人员达到75.5万人。

2001年调查发现新滋生吸毒人员2.59万人，其中16岁以下的就有1万多人，他们当中有的是辍学学生，也有2000人是在校学生。2005年底通过普查，发现全国新滋生的吸毒人员有3.3万人，新发现前几年的染毒人员有6.8万人，绝大多数都是青少年。新滋生的青少年吸毒队伍在不断地扩大，新发现的青少年吸毒人数在不断地增加，这些青少年中，自然不乏那些原本阳光帅气的男孩。而一旦吸毒之后呢？就成了骨瘦如柴的"瘾君子"。这真是令人惊悚和悲痛。

目前，导致原本青春活泼的男孩吸毒的原因主要是：想试一试的心理、逃避挫折和压力、交友不慎等，无论是哪一种情况，他们都是在玩火自焚，因为毒品就是恶魔，谁忍不住尝了第一口，谁就会被它吞噬。因此，青春期的男孩们，一定要全面、深刻地认识毒品这个白色恶魔的危害，增强自我免疫能力，珍爱生命，远离毒品。

青春期的男孩，一般都还是学生，对于社会险恶自然不知，他们善良单纯，很容易被那些毒贩子诱骗。而这个年纪的他们的从众心理很强，极易受到周围朋友的影响，他们看到同伙吸毒时，往往自己也会跟着吸。男孩，都有一种江湖义气，力求心理上和行为上与他们所在的群体保持一致。有的就是因这对群体中的某一个或某些成员心怀崇拜而盲目地模仿其各种思想和行为,包括吸毒这样一种理念和行为。

成人在毒品面前都无法拒绝,更何况缺乏辨别能力的青春期男孩呢?男孩身心发育尚未成熟,一旦吸毒成瘾,就会陷入深渊,导致记忆力衰退、营养严重不足、抵抗力下降、多种疾病发生。此外,青春期吸毒不仅会给自身带来极大的危害,还会造成家破人亡、亲人为仇,乃至败坏社会风气,危害社会治安,引发刑事犯罪。

所以,对于青少年来说,交友应当非常慎重,要坚决远离吸毒人群,也不要在吸毒场所停留。身处毒雾缭绕的地方实际是不自觉吸毒,万万不可多作停留。那么,青春期的男孩们,该怎样识破你所谓的"哥们儿"是不是毒贩呢?他们一般会有以下谎言:

(1)谎称"毒品一两次不会上瘾"。实际上是"一日吸毒,终生难戒"。

(2)"免费尝试"。待你上瘾后,再高价出售。

(3)声称"吸毒治病"。真相是:毒品伤害身体,带来许多疾病,甚至导致死亡。

(4)鼓吹"吸毒可以炫耀财富,现在有钱人都吸毒"。毒贩眼中只有钱,他是在引诱你花钱。

(5)编造"吸毒可以减肥"。真相是,吸毒不仅损害面容和身体,还摧残人的意志。

（6）把改头换面的毒品说成"不是毒品"。摇头丸等东西，常常使青少年丧失警惕。

（7）谎称"吸毒可以提高学习成绩"。实际是吸毒导致精神委靡，记忆衰退，成绩下降。

青春期男孩们吸毒有哪些诱因

在某戒毒所里，有个刚满16岁的男孩叙述自己的吸毒经历："我一向活泼好学，还是初三年级的团干部。我知道自己的一位同学吸毒之后非常好奇，从打听同学吸毒后的感受开始，逐渐产生了试一试的想法，最后，也尝试起吸毒。第一次吸毒后，我的感觉并不好，我还详细地在日记中记录了当时的感觉。但是，第二次、第三次之后，我就再也无法控制自己。结果，在不到一年的时间里，我辍学出走，为筹集毒资进了社会黑帮，直到被送进强制戒毒所。"

处于青春期的男孩们，对社会上的不良现象还没有很深的了解，在毒品面前，因为无知好奇，常常抱着试试看的心理，殊不知，一旦吸毒，成人都很难戒除，更何况意志力薄弱的你们！有句话说得好，"常在河边走，哪有不湿鞋"，一旦沾上毒品，你大好的青春就将黯然失色。

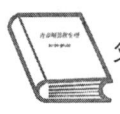

一般情况下,青春期的男孩们吸毒,有以下几种诱因:

(1)好奇心驱使。一项调查表明,在青少年吸毒者中,有80%以上是在不知道毒品危害的情况下吸毒成瘾的。

(2)被人蒙骗。青春期的孩子们涉世未深,对那些毒贩子的路数并不知晓,因此,有不少青春期的男孩是在不知情的状态中被毒贩诱骗而吸毒的。

那些毒贩子并不会直接告诉男孩自己贩卖的就是毒品,一般,他们都掩人耳目,同时,为了"以贩养吸",他们往往设下陷阱,把这些无知的男孩一个个拉下水。这些陷阱有花言巧语、请客吃饭、递烟、诱骗服用掺有毒品的食物饮料等。这些单纯的男孩哪里有防备之心呢?因此常常成为他们猎取的对象。

(3)来自周围的不良影响。许多年轻人染毒是源自周围的不良影响,比如,家中亲人吸食毒品或者周围朋友的劝诱,让他们也产生了吸食毒品的欲望。

(4)逃避压力和挫折。一些男孩由于父母离异、家庭关系紧张、学习压力大、师生关系不好、考试受挫,以及待业等不顺心的事引起精神苦闷、情绪低落,试图以吸毒麻醉自己。这种不积极的心态,会让你陷入深层次的痛苦中,其后果是无法想象的。

(5)错误的消费方式。有些男孩知道吸毒需要高昂的费用，为此，他们认为，只要吸食毒品，就是有钱、时髦、气派的象征。有些男孩甚至认为，"好吃的，吃了；好玩的，玩了；天上飞的，地下跑的，水里游的，差不多都见识了。抽就抽点，不枉来到人世一回。"许多男孩就是这样尝试着吸毒的。可是他们并不知道，这一吸上，就把父母辛苦积攒的家业迅速抽光，并最终断送自己的性命。

（6）不正常的逆反心理。很多人都不相信自己不能戒掉毒品，以身试毒，结果一发不可收拾；还有的是为了证明自己非同一般而吸毒。这都是因为有一种不正常的逆反心理在作怪。

针对这些诱因，青春期的男孩，要想远离毒品给自己的身心健康带来的威胁，就必须做到以下几个方面：

（1）决不与吸毒者交友，主动远离吸毒者，免除毒害的源头。

（2）决不尝试第一次。在毒品面前，意志再坚强人也会失去其道德防线，继续吸食第二口、第三口……

（3）从拒绝抽第一根烟开始。几乎所有吸毒的青少年都是从吸烟开始的，吸烟为毒贩提供机会，他们会因青少年的无知好奇、不易防备而设下种种圈套引诱。要知道，从吸烟到吸毒只一步之遥。因此，男孩要想远离毒害，就要从不吸烟开始。

（4）正视挫折，勇敢战胜挫折，遇到挫折千万莫沾毒品来解脱痛苦。一旦吸毒，悔恨终生。

（5）克制自己的好奇心。的确，青春期男孩对周围的一切事情都充满好奇心，但关于吸毒这个问题，正可谓面临着生与死的选择，一旦克制不住自己的好奇心，就很可能由尝试坠入黑暗的深渊，最终断送了年轻的生命，因此，作为青春期的男孩，你决不能以身试毒。

（6）学会拒绝吸毒的方法。男孩要懂得分辨善恶，遇坏朋友引诱时，抱定永不吸毒的信念，坚决拒绝。遇吸毒人员迅速离开，并及时向公安机关报告，坚决不与之交往。

总之，青春期的男孩不要与毒品沾上任何关系，要深刻认识到毒品的危害，不要因为好奇而试毒，不能因逆反而尝毒，更不要考验自己的意志力，一旦染上毒瘾，你将无法自拔。远离毒害，健康、阳光地度过青春期才有保障。

青春期性行为不可取

期末考试终于结束了，小明想好好地放松一下。他的爸爸妈妈都不是那么苛刻的人，他们说这天晚上可以允许晓明好好地上一次网。小明一听可以上网，兴奋得像只小鸟一样，马上打开电脑。当然，首先，他登上了QQ账号，和久违的几个朋友聊了起来。

他有个聊得来的朋友，小明叫他哥哥，一阵寒暄之后，两人聊起来了。好像这个哥哥有很多烦恼，于是，他一股脑儿地都和小明倾诉了。

"晓明，我不知道怎么办。我的女朋友怀孕了，我想我会带她去流产！"

小明一听，吓得半天没说话，在他的世界里，毕竟都是孩子。

"哥哥，你为什么要带她去做人流呢？"

"怀孕了，还没结婚，就要人流呀！"

"那为什么你要让她怀孕了呢？我听说人流对身体伤害很大。"

"是啊，我自己也后悔。总之，小明，你要好好学习，不要在学校谈恋爱，更不要做出什么越轨的事。不然到时候和我一样，害了别人，也害了自己。"

小明听完这些以后，久久不能平静。

青春期是身体各个器官逐步发育成熟的时期，也开始有了性的萌动，很多男孩以为青春期就可以过性生活，其实，在青春期，无论是男孩女孩，性生活都为时尚早，对身心发展都很不利。

青春期身体各系统器官正处在生长发育阶段，尤其是内外生殖器还没有完全发育成熟，这时如有性生活，对身体十分有害。表现为以下几点：

1.过早的性生活可造成生殖器管道损伤及感染

处于青春期的男孩，生殖器官并没有发育成熟，生殖器都还很娇嫩，对性生活也很少懂得一定的保护措施，很容易引起感染等，也很容易受伤。

2.过早的性生活可严重影响心理健康

通常情况下，那些青春期的少男少女的性行为都是在偷偷摸摸的情况下进行的，根本没有任何的心理准备和生理准备；而且，事后，男孩和女孩都会为此感到可耻，又因怕女孩怀孕、怕暴露而产生恐惧感、负罪感及悔恨情绪，久之还会使人发生心理变态，如：厌恶异性，厌恶性生活，性欲减退，性敏感性降低和性冷淡。

3.过早的性生活可引起自己今后婚姻生活的不愉快

少男少女从相恋到以后的结婚是一个漫长的过程，男孩身上背负了更多的责任，但事实上，这期间，不能保证两人始终相好如初，分手的事也是在所难免的，伤害的不仅是自己，还有女孩。这以后，无论男孩女孩，再与他人成婚，如不告诉对方，自己会产生心理上的愧疚感；告诉了对方而得不到对方的谅解，那么，两人的感情将会蒙上一层阴影，婚姻不会美满。即使从青少年时相恋起至成婚，两人相好如初，新婚的甜蜜感也会因此而黯然失色。

4.过早的性生活可影响学习和生活

青春期是每个人人生的过渡期，也是知识的积累期，每个青春期的男孩子都要利用好这段时间学习，如果有性生活，必然会影响学习和工作的精力，对本人、家庭和社会都不利。所以，青春期应忌性生活，青春期男孩应十分珍惜自己的青春与身体，应把注意力和兴趣投入到学习、工作中去，这对于自身的健康成长、事业成就、生活幸福都有重要意义。

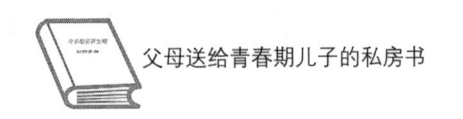

参考文献

[1]沧浪.男孩成长记[M].北京：中国妇女出版社，2016.

[2]沧浪.成长的秘密：青春期男孩生理知识手册[M].北京：中国妇女出版社，2016.

[3]董亚兰.完美男孩青春期成长手册[M].北京：北京工业大学出版社，2014.

[4]子晨.致青春期男孩：身体篇[M].北京：北京理工大学出版社，2016.